Henri Laborit

Biologie et structure

Gallimard

Dans la même collection

ÉLOGE DE LA FUITE, *n°* 7
LA NOUVELLE GRILLE, *n°* 27

Henri Laborit (21 novembre 1914-18 mai 1995), d'abord chirurgien, s'orienta ensuite vers la recherche fondamentale. On lui doit l'introduction en thérapeutique de la chlorpromazine, premier « tranquillisant », de l'hibernation artificielle, ainsi que de nombreuses autres molécules à action psychotrope. Ses travaux sur la réaction organique aux agressions ont précisé le mécanisme de certains grands syndromes physiopathologiques et ont apporté des solutions nouvelles à l'anesthésie et à la réanimation. Il dirigea le laboratoire d'eutonologie à l'hôpital Boucicaut, qui fonctionnait depuis 1958, en dehors de toute institution publique ou privée par les seuls droits d'auteurs de l'exploitation par l'industrie pharmaceutique des brevets pris par le groupe.

La biologie des comportements a conduit Henri Laborit à pénétrer dans le domaine des comportements humains en situation sociale : sciences humaines, psychologie, sociologie, économie et politique.

AVANT-PROPOS

Un mot reviendra dans cet ouvrage d'une façon lassante. Nous n'avons pu faire autrement. C'est le modèle sémantique d'un concept essentiel. Il est donc nécessaire d'en donner d'abord une définition qui nous assurera de la précision de l'information transmise grâce à lui. Il s'agit du mot « structure ». Nous emprunterons sa définition à la théorie des ensembles. Une structure est alors « l'ensemble des relations existant entre les éléments d'un ensemble ». Structurer consiste donc à tenter d'établir l'ensemble de ces relations. Comme l'ensemble des relations entre les éléments d'un ensemble est souvent hors de portée de notre connaissance, le mot de structure désignera souvent des structures imparfaites, des sous-ensembles ou des parties de l'ensemble des relations.

INTRODUCTION

Alors que nous venons de parler de « structure », nous commencerons par reconnaître que ce livre en manque, ou que du moins elle n'est pas immédiatement apparente. La raison en est que nous avons souvent utilisé des textes ayant fait l'objet d'articles ou conférences qui nous ont été demandés, ici ou là.

Des relations multiples existent évidemment entre ces textes, mais on n'en distingue pas toujours les ensembles, les sous-ensembles et les parties. Par contre, de nombreuses intersections apparaissent. (Nous préférons, on le comprend, le terme d'« intersections » à celui de « répétitions »).

Peut-être le lecteur regrettera-t-il de ne pas être conduit par la main au développement progressif d'une idée générale, mais nous savons que, pour l'homme, les objets d'intérêt sont trop nombreux pour les envisager tous, alors que notre besoin de généralisation ne peut cependant se limiter à n'en aborder que quelques-uns.

C'est donc une méthodologie que nous avons voulu livrer à la critique, en l'exploitant dans des exemples choisis et peu nombreux, et non la solution péremptoire à des problèmes dont le nombre est infini, mais dont la solution logique pourra toujours découler à notre avis de l'application méthodologique précédente.

Cette méthodologie accepte quelques notions que nous allons d'abord résumer. La première découle du fait que, ce que notre mémoire met, semble-t-il, en réserve depuis notre naissance, ce sont des traces d'événements énergétiques survenus dans le milieu qui nous entoure. Nous ne connaissons de l'univers que des éléments discontinus qui, malgré la précision récente de nos moyens d'appréhension, sont encore limités au quantum en ce qui concerne l'énergie et aux particules élémentaires en ce qui concerne la masse. Ce que par l'intermédiaire du tact, de la vue, de l'audition, etc., nous stockons, dans notre système nerveux en particulier, ce ne sont que des événements énergétiques. Ce n'est sans doute que leur réunion fréquente, statistiquement significative, qui dans certaines conditions nous amène à la notion d'objet. Le mot risque ensuite de cristalliser cet objet et de ne plus nous permettre d'en dissocier les éléments énergétiques. Or, cette dissociation est nécessaire à l'imagination, car imaginer c'est créer de nouveaux ensembles avec des éléments d'origines variées.

Cette première notion conduit à la seconde. L'énergie ne change pas de « valeur » suivant la forme qu'elle prend. Ce que nous appelons bon ou mauvais, vrai ou faux, beau ou laid, etc., n'est pas tel dans le monde, en nous et autour de nous. Il ne devient tel que parce que cette énergie a laissé des traces mémorisées en nous et que notre survie, à quelque échelon de notre organisation qu'on l'envisage, de la molécule au comportement, exige que nous émettions ces jugements de valeur. Ceux-ci n'ont donc pas d'autre valeur que celle que l'égoïsme individuel ou social, nécessaire à la survie, lui attache.

Par contre l'entropie, envisagée comme expression du désordre, de la tendance au nivellement thermodynamique, s'oppose, dans le domaine de la matière, à la négentropie envisagée comme expression d'un ordre, non statique, mais croissant et dynamique, d'un ordre qui s'exprime dans l'univers non vivant, mais aussi dans celui de la vie. Que nous abordions ce problème sous l'aspect de la théorie de l'information et la vie est encore un phénomène ordonné, signifiant. Cela veut dire que nous pouvons opposer une structure à une absence de structure, une structure plus ordonnée, plus signifiante, à une structure moins ordonnée, moins signifiante. Par ce biais il est alors possible de quantifier le qualitatif. Il suffira d'admettre pour troisième notion que ce qui est bon, beau, utile, etc., est ce qui est plus ordonné et plus signifiant. Encore que d'un point de vue dialectique, une déstructuration passagère (un « beau » désordre) est parfois nécessaire à la progression de l'ordre. Ce troisième principe débouche on le voit, non sur une morale, toujours utilitaire, liée aux mots et à leurs contenus sémantiques variés, mais sur une esthétique, qui devient alors une science des relations. Cette troisième notion a l'avantage d'être la seule vraiment utile non pour l'individu, le clan, le groupe, les sociétés, les nations, mais pour l'Humanité entière. La seule vraiment utile, car elle ne cherche pas l'utilité, elle la trouve. En effet, les jugements de valeurs changent avec chaque individu, chaque groupe social, suivant les nécessités apparentes de leur survie et toujours en opposition avec certaines parties de l'environnement. Les structures qu'ils défendent sont toujours des sous-ensembles d'ensembles plus grands. Leur utilité est donc toujours limitée, restreinte, variable, dépendante. Il en est ainsi des morales prises en tant que morales et non en tant qu'esthétiques. L'esthétique par contre, comprise comme une recherche des structures, c'est-à-dire de l'ensemble des relations existant entre les éléments de l'ensemble de nos connaissances, est la seule façon, nous semble-t-il, qu'ait l'homme de s'harmoniser avec la nature, de s'y fondre, tout en restant lui-même, c'est-à-dire conscient de cette harmonie. Mais la recherche, la découverte et l'utilisation des relations, rendent l'action efficace. Il en résulte ainsi pour l'homme une meilleure adaptation à son rôle d'homme, non pas d'homme d'aujourd'hui mais d'homme, aboutissant des générations passées et promoteur de celles à venir et sans que cette conséquence utile soit jamais un but, le seul but demeurant la recherche de l'harmonie du monde, de sa structure. L'efficacité des actions humaines dans le cadre de l'esthétique telle que nous venons de la définir, ne peut plus se juger avec la table en service des valeurs sociales du moment. Etre efficace n'est plus alors réaliser une réussite sociale dans une société définie, dans un contexte géoclimatique et historique particulier. L'efficacité consiste, en fait, à accorder ses actions à la structure du monde, structure qui devient la recherche essentielle et jamais finie de la vie humaine. Elle ne s'inspire du passé que pour mieux formuler l'avenir. Elle s'insère dans la durée et non dans l'instant. Une telle attitude ne recherche pas la rentabilité immédiate, encore que la satisfaction qui résulte de l'équilibre avec un environnement cosmique et non plus médiat, la simplicité des schémas d'action qu'elle procure, relèvent de la même réaction égoïste que nous avons signalée précédemment si on la « juge » avec les mêmes critères de « valeurs » dont nous avons rejeté la limitation anthropomorphique. Mais elle ne recherche pas la rentabilité car elle ne facilite pas la survie immédiate, elle satisfait rarement le besoin de domination, elle ne défend aucun territoire et n'accepte le combat que contrainte par l'environnement. En fait, sa fonction essentielle est la généralisation : généraliser consiste pour nous à créer de nouveaux ensembles de relations, c'est-à-dire de nouvelles structures qui englobent les ensembles préexistants, dont les caractéristiques essentielles sont déjà connues.

Enfin, alors que les morales enferment l'action dans un dogme, un règlement de manœuvre, sans évolution possible, faisant le plus souvent appel à des réflexes conditionnés puisque au départ elles renferment des lois qu'il suffit de respecter, l'esthétique, envisagée comme science des structures, est un système ouvert, en perpétuelle évolution et qui repose entièrement entre nos mains, puisque nous sommes seuls responsables de l'enrichissement de nos structures. Avec elle, l'homme possède non seulement une méthode pour agir, mais aussi un objet de recherche et de perfectionnement, un but jamais atteint à offrir à son comportement. Les morales sont des aide-mémoire à base de préjugés utilitaires. L'esthétique est une création néo-corticale débouchant sur l'infini des structures universelles. Il y a entre elles la différence existant entre l'Ancien et le Nouveau Testament. Qu'on ne voie d'ailleurs, dans cette dernière expression, aucun jugement de valeur concernant l'un et l'autre, l'un ayant d'ailleurs été nécessaire vraisemblablement à l'autre, mais simplement la constatation d'une évolution dont on peut affirmer la réalité par le fait que le second englobe dans sa structure les éléments du premier.

MÉMOIRE ET ÉVOLUTION

Pour parler d'évolution, il faut d'abord définir la notion de *structure* et celle de *mémoire*. L'évolution se fait peut-être vers une fin, mais certainement à partir d'une origine. Nous libérerons ce terme d'évolution de tout jugement de valeur qui serait proprement humain et nous nous limiterons à reconnaître son existence du point de vue des structures.

L'évolution est ainsi caractérisée par l'accroissement des structures et non par celui des éléments. Un insecte visible seulement à la loupe est plus structuré qu'un cristal de plusieurs kilos, qui reproduit indéfiniment la même structure, mais un homme de soixante-dix kilos est plus structuré, du fait qu'il parle, qu'un éléphant de plusieurs tonnes. Cependant, la matière vivante de chacun d'eux fait appel aux mêmes atomes ordonnés moléculairement de façon semblable. Cette complexification progressive des structures a été en grande partie rendue possible par la mémoire.

Nous réagissons au milieu qui nous entoure par l'intermédiaire de notre système nerveux, c'est-à-dire d'un appareillage complexe qui nous a été légué par nos ancêtres et dans lequel nous avons stocké notre expérience personnelle de l'environnement. Or, quand nous parlons de nos ancêtres, Adam et Eve sont encore de trop proches parents. Il faut faire remonter notre arbre généalogique jusqu'aux premières formes de vie sur la terre, aux premiers coacervats si ce sont eux. L'expérience accumulée au cours de l'évolution des espèces est entièrement inscrite dans notre chair. Il n'y a pas de meilleure « mémoire » des époques révolues que la matière vivante, si plastique, qui modèle ses formes, ses mécanismes et son comportement, assure sa survie pour tout dire, en s'adaptant au milieu et à ses variations. Les merveilleux mécanismes de l'information génétique transmettent ensuite à travers les générations l'expérience acquise. Le temps qui passe et qui transforme la matière inerte qui l'oublie, laisse sa trace dans la matière vivante qui se souvient. A l'entropie du monde matériel, du système relativement clos qui nous entoure, le monde vivant oppose le maintien des formes, c'est-à-dire des informations, en utilisant l'entropie du précédent. Le rayonnement solaire n'est pas seulement un immense torrent d'énergie inondant notre globe. Cette énergie a été à l'origine de la « mise en forme » de la matière, formes de plus en plus complexes, et ce sont elles qui ont créé l'Histoire, c'est-à-dire le stockage du temps, de la chronologie des expériences, dans des structures capables, bien que se renouvelant sans cesse, de les conserver. Mieux que les monuments et les mausolées la vie sait conserver les messages qu'elle transmet à travers les générations.

Quand on parle du *code génétique*, on sous-entend ces deux propriétés, informative et de mémoire : informative, c'est-à-dire négentropique, ordonnée, signifiante ; de mémoire par la conservation, le stockage de ces informations qu'il opère. C'est en cela que l'ontogenèse reproduit la phylogenèse. Elle reproduit en quelques heures, jours ou semaines, la longue histoire de la vie étalée sur des milliers d'années, grâce au stockage des innombrables informations accumulées par la matière vivante au cours des âges de notre terre et fixé pour un temps dans l'arrangement spatial de l'énergie dans un acide désoxyribonucléique. Mais ces informations recueillies ne concernent pas un environnement stable. Elles concernent un milieu lui-même en constante évolution. Or, cette évolution de l'environnement dans lequel la vie a évolué résulte en partie de l'évolution de la vie elle-même. Dynamique à double sens dont les cybernéticiens nous ont aidé à prendre conscience. Les variations subies par la vie sous l'action de l'environnement sont en partie à l'origine des variations enregistrées au sein de ce dernier.

Nous ne prendrons qu'un exemple pour l'illustrer. Suivant la théorie d'Oparine à laquelle se rallie la majorité des spécialistes attachés à découvrir ce qui peut encore parvenir à nos oreilles des premiers balbutiements de la vie sur notre terre, il semble bien qu'au commencement l'oxygène moléculaire était absent de son atmosphère. Celle-ci était au contraire riche en hydrogène moléculaire, en gaz carbonique et en azote évidemment. Dans ces conditions, les radiations ultraviolettes de la lumière solaire venaient frapper sans obstacle les mers primitives au sein desquelles les premières formes vivantes furent évidemment anaérobiotiques. Comme le rappelle Arnon au cours de ses recherches sur la photosynthèse, et comme nous le rappellent aussi certaines formes vivantes simples encore présentes de nos jours, telles que le « chromatium », à cette époque l'hydrogène nécessaire aux réductions, qui caractérisent la construction de la matière vivante, était pris directement à l'atmosphère alors que plus tard il fut obtenu de la photolyse de l'eau. Ce n'est que bien plus tard en effet, avec la complexification des formes et l'apparition de la photosynthèse chlorophylienne, que l'oxygène devenu un « sous-produit » de cette photolyse, commença à s'accumuler dans notre atmosphère, donnant naissance dans ses couches supérieures à de l'ozone, qui constitua dès lors un écran protecteur filtrant le passage de l'ultraviolet solaire et permettant à la vie d'évoluer à son abri vers de nouvelles formes plus complexes.

A une échelle moins radicale sans doute, on peut retrouver à travers l'évolution des espèces ces perpétuelles interactions et boucles rétroactives de la vie sur son environnement. Il en est encore ainsi pour les sociétés humaines.

Cependant, avec l'homme un fait nouveau est apparu. Alors que jusqu'à lui le temps s'accumulait, se stockait dans des structures matérielles, et qu'il continuera d'ailleurs à le faire en lui, un nouveau moyen de stockage du temps est apparu avec lui : *le langage*. Qu'est-ce que le langage en effet, sinon un moyen de mettre en réserve le temps et l'expérience des générations révolues dans un signal, sonore ou optique le plus souvent ? Mais qu'on se souvienne des premiers télégraphes optiques qui de coteaux en coteaux permettaient à un message de parcourir l'espace dans un temps réduit. Qu'on veuille bien considérer également nos télécommunications modernes. Elles contractent l'espace en mettant à la portée de nos oreilles ou de nos yeux un correspondant lointain. Contractant l'espace, elles contractent également le temps que notre signal aurait mis à parvenir à notre interlocuteur. L'apparition du langage avec les premiers hommes ne fit point autre chose, mais il le fit au-dessus des générations, ce qui en fait une découverte essentielle pour la vie. A partir de l'apparition du langage, et Dieu sait à travers quelles intempéries, le temps et l'expérience des hommes ont pu se transmettre et s'accumuler, et il en est résulté une efficacité, sans cesse accrue au cours des âges, de l'homme sur son environnement. Et nous assistons aujourd'hui à la transformation gigantesque, pour notre échelle d'observation, de l'environnement par la vie humaine.

L'enfant qui naît de nos jours parcourt confortablement, en quelques mois, les siècles de dangers, de douleurs, de travail et de morts qui, de la découverte du feu, de l'agriculture et de l'élevage, de la roue, de la voile, des structures sociales progressives jusqu'à la révolution industrielle du XIXe siècle, ont illustré l'histoire de l'homme. Les bêtes sauvages ont disparu, les épidémies dévastatrices aussi ; l'énergie de l'environnement, au lieu de la subir l'homme l'utilise de mieux en mieux, les dangers deviennent rares et se spécialisent. Il en résulte une explosion sur la terre de la race humaine, qui n'a certes pas encore trouvé son équilibre cybernétique avec le milieu. Les hommes vivent plus longtemps et se multiplient plus abondamment, preuve certaine d'une amélioration des conditions de vie, amélioration déterminée par l'action de l'homme lui-même sur son environnement. *Héritage génétique, héritage sémantique*, voilà ce que contient au départ le cerveau de l'homme moderne. Il va y ajouter le contenu de son expérience personnelle. Mais celle-ci sera encore fortement modelée par le langage. C'est par l'intermédiaire du langage que le milieu social où l'homme naît, grandit et vit, lui fait acquérir une connaissance, trompeuse parce qu'il a tendance à la prendre pour la réalité, du monde qui l'entoure.

Or, ce monde est en perpétuel changement. La connaissance scientifique que nous en avons évolue sans cesse, mais que dire de la connaissance empirique ? Notre connaissance scientifique s'enrichit parce qu'elle recherche et découvre des lois, c'est-à-dire des relations constantes entre les éléments du monde que nous appréhendons et qui demeurent à travers le temps. Notre expérience, empirique, au contraire n'est valable que pour un instant, déjà passé, et qui ne reviendra jamais. Elle a tendance souvent à généraliser des relations fortuites ou temporaires.

Si les civilisations antiques ont accordé tant d'importance aux vieux sages expérimentés, c'est que le temps n'était pas le même pour les hommes de cette époque que pour nos contemporains. Le temps s'écoulait beaucoup plus lentement pour eux que pour nous. En effet, les informations étaient moins nombreuses et se diffusaient plus lentement. Il en est encore ainsi sans doute pour certaines peuplades primitives, séparées du monde et privées d'informations. Mais le plus grave, c'est que notre expérience personnelle se fixe dans des mots et que les mêmes mots serviront à fixer l'expérience d'autres hommes que tout différencie, l'âge et le milieu d'abord. Il est fréquent de voir un père et un fils parlant la même langue et pour qui les mots n'ont absolument pas le même sens car leur contenu sémantique, les informations qu'ils ont stockées grâce à eux, ne sont pas contemporains. Ils se réfèrent à deux mondes profondément différents. Il est probable d'ailleurs que, dans l'action, le comportement du fils risque d'être plus efficace que celui du père, car mieux adapté à l'environnement présent. Il est vrai que bien des jeunes sont déjà vieillis sémantiquement et que certains vieux savent évoluer avec leur temps.

Puisque nous parlons de cette *mémoire, expérience individuelle*, il nous faut dire quelques mots de ses mécanismes. Il y a quelques années, avec les premiers cybernéticiens, McCulloch, Lorente de No, on pensait que la mémoire des événements survenus dans l'environnement était la conséquence de circuits réverbérants, prolongeant dans le temps, grâce aux délais synaptiques entre neurones multiples disposés en réseau, l'excitation d'un arc réflexe au niveau des centres. Or, une telle mémoire devrait disparaître avec l'anesthésie générale profonde, les comas, l'électrochoc. Le seul fait qu'après ces pertes de conscience et ces arrêts fonctionnels de courte durée les souvenirs anciens ne soient pas abolis, porte à penser que la mémoire à long terme n'est pas simplement « fonctionnelle » mais qu'elle laisse des traces plus subtiles dans le cerveau. Plus récemment, avec les travaux de H. Hyden en particulier, ces traces ont été soupçonnées. Il s'agirait soit de l'acide ribonucléique, soit de protéines nouvelles dont la synthèse, conséquence de l'excitation neuronale ou gliale, constituerait l'engramme stable des faits expériencés. Personnellement nous pensons depuis plusieurs années que ces deux mécanismes ne s'excluent pas l'un de l'autre, car un ARN ou une protéine ont également un turnover, et une existence limitée dans le temps beaucoup plus courte que nos plus lointains souvenirs. Leur synthèse spécifique doit donc être entretenue. Nous pensons qu'elle peut l'être par les excitations propagées dans les circuits réverbérants dont la spécificité serait elle-même entretenue par les ARN de mémoire. Les circuits réverbérants seraient ainsi le mécanisme emprunté par la mémoire immédiate que toute perturbation dans le fonctionnement nerveux central, même très passagère, est capable expérimentalement de faire disparaître. Mais, dès que la teneur protéique des neurones intéressés a été influencée, la mémoire à long terme est installée et l'arrêt temporaire des circuits réverbérants peut survenir. La reprise fonctionnelle les codera à nouveau du fait de la persistance de traces matérielles et non plus seulement fonctionnelles. Ce n'est d'ailleurs là qu'une hypothèse, l'important étant de reconnaître que la mémoire est à la fois fonctionnelle et matérielle, l'une et l'autre s'entretenant. Nous devrions dire d'ailleurs, plus précisément, qu'elle est toujours fonctionnelle, mais à deux niveaux, moléculaire et synaptique. N'est-ce pas ce qui se passe déjà avec la mémoire génétique, la synthèse enzymatique et celle des anticorps ? Mais à ce sujet, certaines molécules ont à notre avis un intérêt particulier dans le déclenchement de ce mécanisme.

Il y a une dizaine d'années, nous avons eu à nous intéresser à la toxicité de l'oxygène en pression chez les nageurs de combat et à l'étude de l'oxygène sous l'aspect physique de sa molécule, à son rôle dans l'apparition de formes radicalaires libres dans les cellules vivantes. La molécule de O_2 est en effet un biradical, comme l'atome d'ailleurs, c'est-à-dire qu'il manque deux électrons sur leur couche périphérique. Ils possèdent deux électrons célibataires qui vont tenter de s'appareiller. A la pression normale ils le font en s'emparant des électrons que les déshydrogénations leur fournissent à l'extrémité des chaînes biocatalytiques. En pression supérieure à 1 atmosphère ils les prendront aussi à des molécules stables, appareillées, et vont ainsi créer des formes radicalaires libres qui seront à l'origine de réactions en chaîne. Les membranes cellulaires riches en lipides seront oxydées, et la lipoperoxydation les rend plus perméables, ce qui aboutit à la fragilisation et à la déstructuration progressives de ces fragiles unités vivantes. La recherche d'agents protecteurs nous fit découvrir l'action protectrice de la sérotonine, que nous avons plus récemment attribuée à son pouvoir réducteur spécifique pour certains coenzymes. Quelques mois plus tard, aux Etats-Unis, on mettait en évidence son action protectrice contre les radiations ionisantes dont on peut admettre que le mécanisme d'action nocif est assez comparable. Or, avec un de nos collaborateurs, Niaussat, nous avons été frappés par l'analogie structurelle existant entre la molécule de sérotonine et celle des auxines végétales, substances de croissance des végétaux. Le noyau indol constitue leur squelette commun et il nous fut possible de favoriser la croissance de jeunes plantules d'avoine avec cette molécule animale qu'est la sérotonine. Bien plus, avec un autre de mes collaborateurs, Jouany, nous avons pu montrer que l'injection d'hormone de croissance animale (STH) provoquait une augmentation massive d'acide 5-hydroxy-indol acétique dans les urines du lapin et émettre l'hypothèse confirmée depuis par des travaux russes et américains d'un rôle de croissance de la sérotonine. Ainsi, compte tenu de son action dans les deux règnes, végétal et animal, nous nous sommes demandé si nous ne devions pas considérer la sérotonine ou les molécules apparentées comme des molécules très anciennes, dont le rôle essentiel serait d'ordonner la croissance dans toutes les formes vivantes.

Son rôle central ne nous est apparu que plus récemment, avec les premiers travaux signalés plus haut concernant le rôle possible de l'ARN et de la synthèse protéique dans la mémoire. En effet, le rôle du système limbique et de l'hippocampe paraît certain dans la fixation de la mémoire à long terme. Or, cette région du cerveau est de loin la plus riche en sérotonine. Ainsi on peut admettre que lorsque l'individu a terminé sa croissance structurale, il lui reste encore un moyen de s'accroître qui est d'augmenter le stock de ses informations. Pour cela, tout influx nerveux parvenant à ce paléocortex qu'est l'hippocampe libérerait au sein des neurones qui s'y trouvent la sérotonine contenue dans des granules. Celle-ci, libérée dans le cytoplasme pourrait alors soit déclencher une synthèse d'ARN et protéique, spécifiée par l'excitation en cause, soit agir sur un système de répression de l'hydrolyse de l'ARN déjà synthétisé, ce qui en augmenterait la stabilité.

Nous ne nous sommes étendu sur ce mécanisme de la mémoire à long terme que pour montrer qu'il entre fort probablement dans le cadre général des régulations biologiques et pour insister sur le fait que parallèlement à l'*évolution génétique* et à l'*évolution sémantique*, une *évolution biologique* a eu lieu dans le cerveau des mammifères qui a progressivement repoussé dans les régions sous-corticales le cortex primitif et ses structures associées, hippocampe et système limbique. Le néocortex s'est progressivement développé et nul ne peut contester qu'il a atteint chez l'homme un développement relatif qu'il n'atteint chez aucune espèce animale.

Que sont donc ce *néocéphale* et ce cortex exubérant ? On admet que ce sont essentiellement des *organes d'association*. Organes d'associations fonctionnelles évidemment, associant et coiffant les régions sous-jacentes. Parmi celles-ci se trouvera le système limbique et nous avons vu quelles raisons nous permettent de croire que sont entreposées là nos traces mémorisées. Mais une parenthèse doit être ouverte : que mémorisons-nous ? Notre système nerveux n'est sensible qu'à des variations énergétiques survenant dans l'environnement. Ce que nous mémorisons ne peut être à notre avis que des processus énergétiques variés. La notion d'objet, de formes, de structures, ne peut être que secondaire et résulter d'une expérience déjà complexe. D'un objet, ce que nous mémorisons c'est la couleur, le poids, la forme, la résistance, ce sont les « éléments » physiques de l'« ensemble » objet. Et ce que nous associerons d'abord grâce au fonctionnement cortical, ce seront ces différents éléments. Nos associations seront d'autant plus nombreuses et variées que nous aurons pu mémoriser un plus grand nombre d'éléments et les associer de façon plus riche. Ce faisant, nous faisons œuvre d'imagination et sommes alors capables d'« inventer » des objets n'existant pas, à partir d'« éléments » mémorisés, abstraits par notre système nerveux du monde environnant. Ajoutons que, avec le mot, un système d'abstraction au deuxième degré est mis à notre disposition et nous concevons que ce rôle de « mélangeur » que possède l'énorme cortex humain est capable de permettre à son possesseur un comportement nouveau en présence des situations qui lui sont imposées par l'environnement.

Avec le *paléocéphale tout est réflexe*, mémoire, déterminisme étroit. Qui dit réflexe dit d'ailleurs inconscience. Inconscience indispensable à notre libération par rapport au milieu. L'éducation n'a pas d'autre but que d'enrichir notre conditionnement réflexe. Le pianiste apprend d'abord son « métier » en enrichissant son conditionnement réflexe, avant de pouvoir se consacrer à une sonorité, à une recherche d'expression personnelle de sa sensibilité. Quelle que soit la complexité à laquelle parvient un réflexe conditionné, il n'en demeure pas moins réflexe, donc inconscience. Inversement, les associations néocorticales, génératrices de nouveaux ensembles comportementaux ne peuvent seules et sans le déterminisme du conditionnement mémorisé, nous permettre une attitude efficace devant les variations du milieu environnant. Elles peuvent seulement nous faire découvrir une attitude originale, nous faire sortir du conditionnement réflexe, et favoriser l'évolution. Ce que nous appelons conscience n'est sans doute pas autre chose que le résultat fonctionnel qui résulte pour l'homme de l'impossibilité, dans une circonstance particulière, de répondre entièrement de façon conditionnée, réflexe, ou entièrement de façon aléatoire, imprévisible, sans relation avec l'expérience personnelle et sociale engrammée antérieurement. Nous serons donc d'autant plus « conscients » que d'une part notre expérience mémorisée sera plus riche et que, d'autre part, notre *mélangeur* nous permettra la découverte d'une solution nouvelle, non réflexe, non mémorisée, à un problème posé par l'environnement. Plus dominera dans notre comportement la réponse réflexe, paléocéphalique, moins nous serons humains, plus nous serons bestiaux. Plus dominera la réponse néocéphalique, inventée, plus nous serons « spiritualisés », compte tenu d'une référence constante au contenu paléocéphalique, sans laquelle aucune relation avec le monde environnant n'est possible. C'est en poussant à l'absurde la prédominance fonctionnelle de l'un ou l'autre de ces deux éléments du système nerveux central, que l'on pénètre sans doute dans le domaine de la neuropsychiatrie.

Notre cerveau est donc l'intermédiaire indispensable entre les variations survenant dans l'environnement et notre comportement à l'égard de ces variations. Mais nous voyons aussi que le paléocéphale fonctionne sur des structures imposées, préétablies, fixées. Du réflexe rotulien au réflexe conditionné le plus complexe provoqué par un signal du deuxième degré, par des mots, il n'y a pas de différence essentielle, si ce n'est le nombre de neurones mis en jeu. Par contre, dès que le cortex entre en action et se trouve capable de fournir au comportement une association nouvelle à partir d'éléments mémorisés dans le paléocéphale, l'individu met en jeu une « structure » nouvelle. Le cortex est un fabricant de structures nouvelles.

Si le néocéphale a permis à l'homme de dominer toutes les espèces animales qui l'avaient précédé et de dominer les forces aveugles de la nature par un comportement raisonné, par l'imagination, elle-même fille de l'abstraction et du langage, il est certain également que nos premiers ancêtres ont, comme toutes les espèces évoluées souvent fragiles qui sont arrivées jusqu'à nous, survécu grâce à leur paléocéphale qui leur a fourni le moyen de fuir ou de lutter.

Mais les siècles ont passé. Le paléocéphale est toujours là et l'homme, grâce au temps et donc à l'expérience de ses prédécesseurs, accumulée dans son langage, a transformé son environnement de façon radicale. Pour faciliter le maintien de son équilibre biologique, de son « homéostasie », il a stabilisé son environnement. Il n'a plus à craindre l'attaque des éléments ou des bêtes féroces. Son paléocéphale lui devient donc moins utile. Bien plus, il serait juste de dire que son environnement est maintenant devenu surtout un environnement abstrait, celui des mots. Cela ne veut pas dire qu'il soit moins dangereux, car si les mots ne sont rien, ils n'en résument pas moins pour chacun de nous l'expérience personnelle que nous avons des choses, expérience généralement différente de celle de notre voisin. Ce sont eux, les mots, qui vont déclencher l'activité du paléocéphale de l'homme moderne et sa réaction primitive de fuite ou de lutte.

Certes, les *sociétés* pour assurer leur survie ont su

également utiliser les mots pour créer très tôt chez chaque individu certains *réflexes conditionnés*, certains interdits qui contrôlent les conséquences motrices de la réaction paléocéphalique. Mais l'évolution du milieu socio-économique est maintenant si rapide que des principes acquis dans l'enfance s'avèrent parfois être déjà très relatifs à l'âge adulte. Ainsi le contrôle du paléocéphale par le néocéphale a été réalisable grâce à la découverte essentielle de ce dernier, l'abstraction du langage, mais cette abstraction paraît être à l'origine maintenant de l'anxiété de beaucoup de nos contemporains, et par là même du contrôle moins précis de l'un par l'autre. Il n'y a pas si longtemps encore, du fait de la relative lenteur évolutive des sociétés humaines, un homme pouvait sa vie durant s'accrocher à certains *jugements de valeur*, indispensables à la survie du groupe humain dont il faisait partie, jugements qui lui étaient transmis par les mots et qui simplifiaient le contrôle de son paléocéphale par son néocéphale. Empiriquement, son comportement se trouvait ainsi généralement adapté à un code sémantique particulier de l'honneur, de l'honnêteté, du dévouement, des devoirs et des droits, du courage, etc., variable d'un groupe humain à l'autre sans doute, mais cela avait relativement peu d'importance compte tenu de la lenteur des échanges entre ces groupes humains.

Il est toujours le siège de notre affectivité, toile de fond de la motivation de nos actes. Essayons de prendre un exemple concret : celui de l'amour maternel chanté et glorifié depuis toujours. Il ne servirait à rien d'en décrire les facteurs et le mécanisme biologiques, d'autant que nous serions encore forcément incomplets. Qu'il suffise de dire que du point de vue biologique le comportement auquel il donne naissance n'est nullement propre à la femme, mais assez largement répandu dans le règne animal et que le développement du néocéphale n'est que secondaire dans sa réalisation. On peut ainsi imaginer que sa glorification à travers les siècles répond à un besoin de notre nature biologique et à celui de conserver un des fondements essentiels de la cohésion et de l'évolution des groupes humains. Avouons qu'il est apparemment difficile de fonder sur ce déterminisme biologique et sur ce caractère pragmatique une notion de valeur le concernant.

C'est dans sa sublimation, sa généralisation, dans la compréhension de sa signification profonde, sa place au milieu des mécanismes qui ont permis la propagation de la vie sur notre globe, que réside sa véritable valeur humaine. Or, cet aspect-là est proprement néocéphalique. Il ne rejette pas l'aspect primitif, il le transforme, et, au risque de choquer, nous sommes tenté de dire que le sacrifice total d'une mère pour son enfant n'est humain que s'il atteint ce niveau de conscience. Sinon, beaucoup de femelles de mammifères en sont capables pour protéger leur progéniture et ce n'est alors qu'un réflexe soumis à un puissant déterminisme. Dans le même domaine on a pu dire parfois que la femme devait continuer à enfanter dans la douleur, car celle-ci était nécessaire à l'amour maternel. Or, les médecins apparemment « spiritualistes » qui ont défendu cette opinion s'appuyaient sur la constatation que, si l'on fait accoucher une chèvre sous anesthésie générale, elle ne s'intéresse plus à son enfant ! On supprime son amour maternel ! Un amour maternel qui serait uniquement dépendant d'une anesthésie générale et ne s'appuierait pas sur d'autres mécanismes que ceux mis en jeu chez la chèvre, vaut-il la peine qu'on le vénère chez la femme ?

Par contre, souvenons-nous d'*Andromaque* :

Il est du sang d'Hector, mais il en est le reste ;
Et pour ce reste enfin j'ai moi-même en un jour
Sacrifié mon sang, ma haine et mon amour,

Cet amour maternel-là (et bien que ce soit celui de Racine !) n'aurait-il pas existé quand même si Andromaque avait pu accoucher sous anesthésie générale ?

Nous n'avons pris cet exemple que pour montrer que certains attributs fonctionnels du paléocéphale, dont l'agressivité est un autre exemple, vertu au combat, tare au cours de la vie quotidienne de l'automobiliste, doivent le jugement de valeur qui les qualifie à l'utilité ou aux troubles qui en résultent pour la société. Or, en fait, il semble bien que l'on puisse dire qu'une motivation paléocéphalique n'a de valeur humaine que contrôlée par la conscience, c'est-à-dire, admettons-le, par le néocéphale.

Puisque nous venons de parler de *jugement de valeur*, nous comprenons qu'il résulte d'un défaut de généralisation, d'une insuffisance dans la création des structures, d'une utilisation néocéphalique incomplète. En effet, les choses se contentent d'être, et c'est l'homme seul qui les dit bonnes ou mauvaises, laides ou belles, utiles ou nuisibles, et cela toujours par rapport à lui ou par rapport au groupe social auquel il appartient. Ce jugement de valeur étant posé, il n'est plus nécessaire de chercher à structurer autrement ou de façon plus complexe ou à un niveau d'organisation supérieure. Ce jugement de valeur étant posé, on peut en toute liberté laisser fonctionner le paléocéphale et répondre à une action donnée par un acte réflexe, ce qui facilite considérablement le comportement individuel dans les ensembles sociaux. Mais comme les jugements de valeur changent avec le niveau d'organisation auquel on les envisage, on conçoit qu'il en existe autant qu'il y a d'hommes ou de groupes sociaux différents sur terre. Ces jugements de valeur n'ont qu'une valeur, celle de tenter d'assurer maladroitement la survie de l'individu ou du groupe social dont ils constituent la règle, maladroitement car ils se heurtent évidemment à ceux d'autres groupes sociaux. Bien des malheurs humains en résultent.

Puisque le jugement de valeur est la conséquence de la focalisation de l'affectivité sur une structure trop étroite, trop close, on peut en déduire que seule la recherche de l'ensemble des structures peut en définitive fournir un cadre général aux actions humaines. Cette recherche, on peut concevoir qu'elle est le domaine de l'esthétique. Qu'on ne voie pas là le simple désir de notre part de remplacer un mot et son contenu sémantique, la morale (on devrait d'ailleurs dire les morales) par un autre mot et son contenu sémantique : l'esthétique. Il ne s'agit pas seulement de cela, car le jugement de valeur et les morales sont incapables de quantifier les motivations d'un comportement. Nous voudrions au contraire montrer que l'esthétique le peut. En d'autres termes, si la morale existe uniquement par rapport à l'homme, l'esthétique, du fait qu'elle s'appuie sur des structures dans lesquelles les faits n'interviennent pas en eux-mêmes mais seulement comme éléments d'un ensemble, peut exister en dehors de l'homme qui la conçoit. Les bases de référence des actions humaines deviennent alors universelles et non plus égoïstes.

En effet il est une notion quantifiable, c'est celle d'*entropie*. Si nous suivons Boltzmann et Gibbs, elle est une expression du *désordre* et suivant la théorie de l'information, plus l'entropie croît, plus le désordre augmente, plus l'*information diminue*. La notion inverse de négentropie exprime la tendance à l'ordre et l'accroissement de l'information. Suivant le sens que nous avons donné en commençant au mot « structure » nous pouvons dire que l'entropie croît en fonction inverse de l'organisation structurée. Sous cet aspect de l'intersection de la thermodynamique, de la théorie des ensembles et de l'information, l'esthétique devient une science où un niveau d'organisation peut se dégager du jugement de valeur pour devenir quantifiable.

Dans le domaine relativement simple des arts nous

voyons déjà opérer une telle tendance. D'abord en musique, art essentiellement mathématique, où les calculateurs électroniques sont déjà utilisés par certains compositeurs mathématiciens tels que Xénakis. Il paraît évident que c'est la voie indispensable pour la découverte raisonnée de nouvelles structures, c'est-à-dire de nouvelles relations entre ces manifestations énergétiques quantifiables que sont les sons. Sans doute, certains novateurs ont fait progresser ces structures sonores au cours des siècles, mais ce fut toujours empiriquement et la découverte de Debussy fut à la musique ce que la chimie de Lavoisier fut à l'alchimie. Mais la même technique scientifique peut sans doute s'appliquer à la peinture et rien n'empêche au premier abord de traiter les ondes lumineuses aussi mathématiquement que les ondes sonores. Et qu'on ne vienne pas nous dire que c'est la négation de l'art! C'est un peu comme si on nous disait que l'apparition du piano ou du violon a supprimé le génie musical. Il s'agit simplement d'un moyen d'invention de nouvelles structures plus complexes dans l'emploi duquel le génie néocéphalique de l'homme demeure aussi indispensable, il se fait simplement aider par des machines et fait appel à une méthode dont l'intérêt de généralisation est certain.

Mais nous voulons sortir délibérément du domaine de l'art pour affirmer que l'*esthétique*, envisagée comme *science des structures*, mérite de devenir le guide sûr des actions humaines quelles qu'elles soient. Dans ce cas, la théorie des ensembles serait à l'esthétique un peu ce qu'ont été les mathématiques classiques à la physique, ce qui montre l'évolution de la pensée humaine car les mathématiques modernes, passant à un niveau d'organisation supérieur, risquent de s'appliquer aussi aux sciences du comportement.

Evolution encore, car à la fixité temporaire des dogmes moraux qui varient avec les époques et les groupes sociaux mais sont toujours en retard sur l'évolution de l'environnement, une esthétique, science ouverte (car il est difficile d'imaginer qu'en dehors d'une théorie unitaire qui reste à trouver, l'homme puisse jamais connaître l'ensemble des relations existant entre les éléments de l'univers que ses sens appréhendent), est capable d'une évolution constante à mesure que notre connaissance des choses et de leurs relations s'accroît. Capable d'évolution sans déstructuration préalable, de même que la relativité n'a pas fait disparaître la physique newtonienne, ni la géométrie de Riemann celle d'Euclide, pas plus que le néocortex n'a fait disparaître le paléocortex, que la survenue des processus oxydatifs n'a fait disparaître la glycolyse. La nature évolue, c'est-à-dire ajoute et complexifie sans retrancher. Elle crée de nouvelles structures. Mais, surtout, l'esthétique n'obligerait pas l'homme à avancer à reculons, les yeux fixés sur le passé, mais face à l'avenir, les yeux fixés sur lui. L'esthétique, science des structures, est une science du comportement humain prospectif.

On pourra nous objecter qu'il existe autant d'esthétiques que de *morales*. Bien sûr, et d'abord parce que le terme d'esthétique a un contenu sémantique trop restreint pour beaucoup. Envisagé suivant l'optique que nous avons définie, science des structures, la critique tombe d'elle-même. Chaque esthétique actuelle ne constitue alors qu'un sous-ensemble de l'ensemble des relations et le rôle de l'homme est de trouver les relations existant entre elles pour les faire pénétrer comme éléments dans un ensemble plus grand qui les englobera. Mais ensuite il faut dire qu'en l'absence de cette recherche de la généralisation des structures « les esthétiques » entrent rapidement dans le domaine des réflexes conditionnés. Celui qui aura grandi dans la musique classique aura mémorisé des structures sonores qui lui rendent pénible l'audition de musique contemporaine, à moins qu'il ne fasse aussi l'effort de la recherche et de la découverte des structures qui la gouvernent, c'est-à-dire qu'il accroisse l'ensemble de ses structures sonores. Nous avons encore pris là un exemple musical, parce que plus clairement expressif, mais il en est de même de tous les comportements humains. Ce qui parle en faveur de ce que nous avançons plus haut, à savoir la nécessité de laisser constamment en fonction notre néocéphale structurant, en tempérant l'activité de notre conditionnement paléocéphalique.

Une esthétique qui ignore la notion de structure n'est pas plus efficace qu'une morale ; on a simplement changé de mot pour décrire un mécanisme conditionné de même type.

Négentropie, ordre et structuration dynamique, cybernétique et information, voilà quels sont à notre avis les cadres scientifiques du comportement de l'homme de demain. Ces mots demandent encore quelques développements. On a pris l'habitude, semble-t-il, de penser dialectiquement et de croire que la négentropie ne peut exister qu'après l'entropie, l'ordre n'apparaître qu'en fonction du désordre. C'est vrai. Vrai dans les phénomènes physiques, vrai dans les phénomènes biologiques. Nous avons nous-même défendu, en décrivant une réaction oscillante postagressive, une notion de dialectique biologique. La notion de négentropie dans les phénomènes vivants n'est concevable qu'en fonction d'une entropie première, celle de l'énergie solaire. Cette notion n'est donc valable momentanément que pour un système isolé comme celui que nous appréhendons dans notre système solaire. La négentropie dans le règne animal se fait aux dépens de l'entropie du règne végétal et la négentropie dans ce dernier se fait aux dépens de l'entropie solaire. En ce sens, l'esthétique, science des structures, doit elle-même comprendre l'étude du désordre comme celle de l'ordre. Et l'on peut en définitive nous accuser de prononcer un jugement de valeur en choisissant, comme règle du comportement humain, la négentropie, l'ordre et l'information. Nous ferons remarquer que ce faisant nous sommes simplement partisans de la vie, opposée au nivellement thermodynamique, de l'évolution, opposée à la stabilité du zéro absolu. Ce qui peut se discuter est la nécessité par contre d'un balancement dialectique pour que la vie et son ordre évoluent. La nécessité du mal pour le bien, du pécheur repenti, du diable pour avoir un bon Dieu, car nous retombons dans la purée de pois des jugements de valeur dont nous croyions être sortis. Nous avons bien trouvé un moyen de mesure, mathématiquement exploitable, du qualitatif, mais le qualitatif demeure.

Eh bien, si cette dialectique est nécessaire pour l'homme inconscient, paléocéphalique dominant et non esthéticien, si la prise de conscience n'est possible pour un tel homme que par le contraste dialectique des contraires, l'*homo sapiens* que nous appelons de nos vœux, esthéticien, néocéphalique prédominant et conscient des structures, doit pouvoir adopter une attitude prospective évolutive, aussi bien sur le plan individuel que social. Cela lui sera d'autant plus facile qu'il aura pris conscience de ses conditionnements, de l'insuffisance de ses structures emprisonnées dans une sémantique rigide, et de la valeur universelle des symboles mathématiques tant comme agents de transport d'informations précises que comme moyen d'établissement des structures.

En définitive, peut-être l'erreur humaine des religions chrétiennes a-t-elle été d'imposer aux hommes une morale dans laquelle ils ont bégayé avec désespoir, alors qu'il n'est peut-être pas tellement erroné de dire que le Christ nous a donné avant tout une esthétique, la clef divine de la porte des structures universelles.

Mais cette certitude acquise, par quels moyens tenter de remédier aux conséquences de ces déterminismes paléocéphaliques sur le comportement humain ? Comment en assurer le contrôle ?

La première réponse est évidemment par *l'éducation et la culture*. Encore faut-il s'entendre sur le sens que nous devons donner à « éducation ». Celle-ci n'est souvent que la création de réflexes conditionnés réalisés dès l'enfance et qui n'utilisent alors que le paléocéphale. C'est le cas fréquent de la « bonne éducation ». Il en est de même de la culture si elle consiste en une culture additive, qui ne fait appel qu'à la mémoire, c'est-à-dire probablement au système limbique et à l'hippocampe surtout.

De toute façon, éducation et culture passent par l'intermédiaire du langage. Or, si par cet intermédiaire elles n'aboutissent pas à la notion de relativité, elles risquent d'enfermer le comportement dans une véritable prison dont les parois sont des mots et dans laquelle se heurteront les imperfections biologiques, les interdits sociaux, l'expérience individuelle avec ses succès et ses échecs, l'imagination qui crée de nouvelles relations entre les éléments fixés par l'expérience, les jugements de valeur aussi nombreux que les hommes. Sans la notion de relativité des mots et de relativité des faits que nous appréhendons dans ce qui nous environne par l'intermédiaire de nos sens, il nous semble que l'homme moderne trouvera difficilement son équilibre biologique avec le milieu. Or, nous vivons encore sous la dépendance exclusive de trois principes d'Aristote dont le principe d'identité façonne notre comportement. Nous croyons à la « réalité » non seulement des choses que nous percevons, mais ce qui est beaucoup plus grave encore, à la réalité des mots que nous choisissons pour les décrire. Ceci est sensible même dans les sciences. Une même molécule a une signification particulière et différente pour le chimiste organicien qui la synthétise, pour le biochimiste qui étudie son action sur des systèmes enzymatiques isolés le plus souvent, le biologiste qui envisage son action sur un enchaînement dynamique de réactions dans la cellule vivante, le pharmacologiste et le physiologiste qui en étudient l'action sur les grandes fonctions organiques, pour le clinicien que n'intéresse que son action thérapeutique chez l'homme. Chacun d'eux a tendance à croire que l'aspect qu'il en connaît est sinon le seul, mais le plus indispensable, car sa spécialisation l'entraîne constamment à des jugements de valeur qu'ignore la nature qui se contente d'être. Comme d'autre part il ignore l'aspect fourni par la spécialisation voisine, il n'a pas tendance à la valoriser. Comme enfin il ne comprend pas le langage avec lequel son voisin exprime sa connaissance de ladite molécule, des barrières infranchissables, une morgue interdisciplinaire s'établissent, s'exprimant encore par des mots. Fréquemment, le clinicien appelle « théorique » ce qui n'est pas clinique par exemple, alors que le fondamentaliste professe un souverain mépris pour un art aussi imprécis et subjectif que la clinique. Si ceci est vrai dans les sciences physiques et biologiques, on devine ce que cela peut être en économie ou en politique. Liberté, démocratie, égalité, humanisme, etc., sont des mots qui possèdent autant de significations qu'il y a d'hommes sur la terre. Chacun de nous accumule en eux une expérience personnelle unique, aux conditionnements innombrables, et ces mots déchaîneront dans notre paléocéphale toute une chaîne de réactions spécifiques qui n'appartiennent qu'à nous et qu'il nous sera impossible de communiquer entièrement. Les hommes sont prêts à s'entre-tuer bien souvent pour des mots.

Si la culture peut aboutir à plus de conscience de cette relativité et par là même permettre un meilleur contrôle du paléocéphale par le néocéphale, on imagine l'immense chemin qui lui reste à parcourir et les difficultés qu'elle est appelée à rencontrer avant de se généraliser. Notre comportement hésite entre un pseudo-rationalisme primitif qui croit que nos sens nous fournissent une connaissance de la réalité des choses, qui ignore le coefficient d'incertitude d'Heisenberg, pour qui un et un font deux, comme si deux objets identiques pouvaient exister et comme si nous pouvions connaître autre chose que des analogies, c'est-à-dire des relations, et une mythologie préhistorique où persistent toutes les craintes, les confusions, l'anxiété du phylum, celle des premières formes vivantes appelées à survivre au sein du monde matériel. Le tout est noyé dans la soupe des jugements de valeur comparatifs et superlatifs, strictement anthropomorphiques.

Résumons-nous. Voici un paléocéphale où prennent naissance nos motivations. Elles y prennent naissance parce que là paraît se stocker la majeure partie de notre expérience et de notre conditionnement et que c'est aussi le siège des relations les plus simples entre le système neuro-moteur et celui qui dirige la vie métabolique de nos tissus. Et puis, voici un néocéphale assez spécifiquement humain, qui peut semble-t-il être présenté comme un lieu d'associations complexes entre les éléments fixés par la mémoire paléocéphalique. C'est ce que j'ai tendance à appeler le « mélangeur » qui à partir d'éléments mémorisés appartenant à des ensembles variés, est capable de recomposer de nouveaux ensembles, capable d'« imaginer » et de comparer ces constructions originales aux expériences vécues. C'est le siège de l'abstraction. Que l'action du premier prédomine sur notre comportement et nous sommes d'autant moins hommes, et d'autant plus bestiaux. Que le second assure le contrôle du premier en réagissant aux mots abstraits comme à des objets concrets, et c'est l'étape aristotélicienne dans laquelle vivent encore la majorité des hommes. Que ce contrôle soit assuré avec une conscience relativiste et nous entrons dans le domaine sans doute de l'*homo sapiens*, qui ne paraît pas être le monde d'aujourd'hui mais celui de demain.

De toute façon, dans les deux premiers cas la violence de notre comportement, celle de notre déchaînement affectif, est réglée par le paléocéphale, avec sa double conséquence fonctionnelle, la fuite ou la lutte, même dans ses formes les plus élaborées comme est la pathologie psychosomatique.

Et c'est alors qu'une deuxième proposition peut être faite. Nous nous sommes étendu précédemment sur cette notion que l'homme avait transformé son environnement, lequel environnement transformé avait transformé l'homme à son tour. La *neuropsycho-pharmacologie* est une des formes de l'action de l'homme sur les molécules du monde matériel qui l'entoure, mais aussi de l'action transformatrice de ce monde transformé sur le comportement de l'homme lui-même. Il est possible déjà d'utiliser certaines molécules inventées par l'homme pour agir sur le fonctionnement de l'encéphale. Après ce que nous avons dit, il est également concevable que l'on cherchera surtout à agir sur les fonctions paléocéphaliques et non sur celles du néocéphale. Cette dissociation d'action est difficile mais non impossible à réaliser. Difficile pour plusieurs raisons. La première, c'est que nous savons maintenant que le fonctionnement du néocéphale dépend en partie de celui du paléocéphale. La seconde est que nous sommes encore insuffisamment renseignés sur les mécanismes qui commandent le fonctionnement cérébral. La neurologie et la neurophysiologie ont certes fait d'énormes progrès, mais la neurochimie et la neurobiologie sont encore dans leur enfance. Nos connaissances sont abondantes à un certain niveau d'organisation, beaucoup moindres à des niveaux plus fins. Or, étant donné les régulations existant entre chaque niveau d'organisation, de la molécule au comportement, un énorme travail d'analyse et de synthèse reste à faire. On a pu préciser l'action de certains tranquillisants à plusieurs niveaux d'organisation cérébrale, biochimique et neurophysiologique et montrer que cette action est en effet partiellement dissociée, ce qui les distingue des drogues anesthésiques par exemple. Mais ce n'est là qu'un début et un résultat obtenu d'ailleurs de façon empirique.

Ce que nous pouvons espérer, c'est préciser les mécanismes des principales fonctions cérébrales, mémoire, attention, imagination, affectivité. Puis connaissant ces mécanismes aux différents niveaux de complexité de la matière vivante, les influencer pharmacologiquement de façon préméditée. Nous pouvons espérer réaliser en psychopharmacologie, reproduire en quelque sorte, ce que nous nous sommes attachés à obtenir en anesthésie par exemple où en quinze ans il nous a été possible de dissocier le sommeil, l'analgésie, l'inhibition de la réaction neurovégétative (ce que nous avons appelé neuroplégie), la diminution du tonus musculaire et de la sensibilité tactile, à tel point que nous pouvons maintenant provoquer un sommeil sans analgésie ni neuroplégie, une neuroplégie sans sommeil, une analgésie sans sommeil, etc.

Il en résulterait pour la pharmacologie un rôle de choix dans l'évolution humaine. Aldous Huxley, dans *Le Meilleur des mondes*, imagine un rôle inverse dans lequel la pharmacologie faciliterait le conditionnement et la ségrégation de types humains caractérisés ensuite par une lettre de l'alphabet grec. Il est probable que c'est exactement l'inverse que l'homme demandera à la pharmacologie : à savoir la libération et le développement de ses facultés proprement humaines. L'ouvrier qui rentre le soir après une journée de travail dur et sans intérêt, qui s'attend à retrouver un foyer trop étroit, une femme qu'un travail harassant a rendue d'humeur acariâtre, des enfants en bas âge qui crient, à retrouver également le problème angoissant de la subsistance de cette famille, passera sur le chemin du retour au bistrot et prendra quelques verres d'alcool. Il sait en effet empiriquement que l'alcool le rend plus indifférent aux soucis qui l'accablent. Il fait de la neuropsycho-pharmacologie sans le savoir, en utilisant une drogue beaucoup plus toxique que bien des tranquillisants.

Certes, l'évolution sociale peut nous faire espérer fournir un jour à chaque homme un cadre décent d'existence, le libérer de l'anxiété de nourrir, loger, éduquer lui et sa famille. La civilisation des loisirs que fait entrevoir l'automation fait espérer cet âge d'or humain, mais tout en apportant le cadre économique et social dans lequel cet âge d'or pourra s'épanouir, l'équilibre biopsychologique de l'homme avec son milieu n'en découlera pas de façon obligatoire pour autant. A l'alcoolisme de la misère peut aussi bien succéder l'alcoolisme de l'ennui. A vrai dire, une telle évolution est même difficile à imaginer. Il est beaucoup plus probable que l'homme travaillera de plus en plus, qu'il aura de moins en moins de loisirs, dans le sens que nous donnons aujourd'hui à ce mot. Mais son travail sera de plus en plus humain, de plus en plus néocéphalisé, il deviendra de moins en moins *homo faber*, ce que les machines feront à sa place, et de plus en plus *homo sapiens*. Il prendra de plus en plus possession de l'univers en prenant une connaissance de plus en plus précise de celui-ci, seule façon de pouvoir ensuite le dominer à son profit, au profit de l'espèce humaine.

Cela n'est possible qu'en faisant de la majorité des hommes des animaux cultivés dans le sens de la *culture relativiste* que nous avons précédemment envisagée. Et c'est cela que, par le truchement de la pharmacologie l'homme de demain serait peut-être à même d'obtenir d'un plus grand nombre d'hommes, en développant les facultés d'attention, d'imagination, de créativité, en contrôlant les formes d'activité paléocéphaliques les plus élémentaires. Dans ce cas, l'espèce pourrait tendre vers une égalité d'individus, non par le bas, mais par le haut. Egalité qui n'existe certes pas actuellement en dehors du mot pour la décrire, et qui correspond confusément cependant à cette notion que chaque homme possède en lui en puissance dans son néocéphale, du seul fait qu'il est homme, qu'il en est conscient et qu'il parle, des qualités uniques. Mais celles-ci sont obscurcies, limitées, étouffées, perturbées, par tout l'acquis héréditaire et personnel du conditionnement paléocéphalique.

L'objectif primordial de la science au service de l'homme doit être à notre sens de trouver les moyens de dégager dans chaque individu l'homme qu'il contient, du marais de ses conditionnements paléocéphaliques où il s'enlise encore, ce qui ne consiste peut-être pas en autre autre chose que de traduire en langage moderne la parole de celui qui vint, il y a deux mille ans, demander aux hommes d'être vraiment des hommes.

LA CYBERNÉTIQUE ET LA MACHINE HUMAINE

C'est à un groupe de mathématiciens et de physiologistes de l'université de Harvard que la cybernétique doit sa naissance : N. Wiener, Rosenblueth, Warren McCulloch en furent les initiateurs. Puis von Neumann, Lorente de No et Goldstein vinrent compléter le groupe. Il n'est donc pas inexact de dire que c'est de la neurophysiologie confrontée à la physique mathématique qu'est née la cybernétique. Mais, très tôt attirés par les problèmes des mécanismes nerveux centraux, les cybernéticiens ont en grande partie délaissé l'application de leurs concepts à la physiologie et à la biologie générale ainsi qu'aux régulations organiques. L'électrogenèse nerveuse rapprochant le système nerveux d'un calculateur électronique, les bases biochimiques fondamentales retinrent moins leur attention que l'aspect purement neurophysiologique du fonctionnement nerveux central.

Depuis cette époque, d'innombrables dynamismes biologiques et physiologiques mettant en jeu un système rétroactif ont été décrits, si bien qu'il ne peut plus être ignoré de personne que la vie fonctionne cybernétiquement. Mais ce travail d'analyse ne sera sans doute jamais terminé car les régulations cybernétiques sont plus nombreuses que les molécules mêmes qui concourent à la construction d'un organisme vivant. Il a d'autre part un ordre dynamique.

inconvénient. Celui de focaliser l'attention sur une relation entre des éléments isolés d'un ensemble alors que la recherche des structures dynamiques est celle de l'*ensemble* des relations existant entre les éléments d'un ensemble. Cet ensemble comprend évidemment les relations existant entre les sous-ensembles et les parties et conduit à la recherche des niveaux d'organisation, à tel point qu'il ne peut même plus se limiter à l'individu. Celui-ci ne peut être envisagé que comme un élément d'ensembles plus grands, groupe social, ethnique, humain, entre lesquels règnent également des mécanismes régulateurs dont la modalité d'action est aussi la cybernétique.

Bien qu'ayant il y a quelques années rédigé un précis de physiologie humaine en présentant celle-ci dans le détail de ses régulations sous la forme cybernétique, le sujet se présente sous des aspects si multiples et variés que nous ne pouvons espérer en fournir ici qu'une vue superficielle et limitée. Nous n'en aborderons que le cadre conceptuel général en tentant de trouver une finalité aux régulations physiologiques, c'est-à-dire un but à l'action des effecteurs physiologiques.

Si la cybernétique, suivant l'heureuse expression de L. Couffignal, est « l'art de rendre efficace l'action », nous verrons qu'il est possible d'affirmer que l'action essentielle des formes vivantes, à quelque degré de complexité où on les envisage, est de maintenir leur structure dans l'environnement inanimé. Le maintien d'une structure, c'est-à-dire d'un certain ordre, dans un milieu moins organisé, moins ordonné, nécessite un apport d'énergie. C'est évidemment l'énergie photonique solaire qui est non seulement la source de l'organisation des formes vivantes, mais aussi le facteur de leur maintien.

énergie.

Cybernétique et évolution.

Il n'est pas interdit de penser en effet que dans un système soumis au deuxième principe de la thermodynamique, tendant vers une entropie maxima, vers le désordre, l'apport d'une énergie extérieure au système telle que l'énergie solaire, augmente les chances de collision des particules matérielles, et de ce fait les chances de « complexification ». Mais celle-ci ne peut se poursuivre, semble-t-il, indéfiniment, car c'est par la surface que se réalisent les échanges et « le plus complexe » ne peut être élaboré qu'à partir du moins complexe qui l'entoure. Ainsi, plus le corps complexifié augmente de volume, plus ses échanges seront faibles par rapport au volume. C'est ce qui distingue la matière vivante du cristal qui s'accroît en surface et en volume, non en complexité. La matière complexifiée est donc contrainte à se fragmenter. Elle le fait au stade de la molécule, puis de la cellule, car la cellule ne pouvant évoluer sur elle-même, s'associe à d'autres cellules pour donner naissance à des êtres pluricellulaires. C'est ce que l'on peut appeler une complexification autorégulée entrant dans le cadre des mécanismes à rétroaction puisque l'accroissement de volume agit négativement sur l'accroissement de la surface, lequel règle l'intensité des échanges donc l'accroissement du volume.

Toute l'évolution de la vie sur notre globe, avant et à partir de la photosynthèse, a été « régulée » par rétroactions entre ses structures plus ordonnées et celles moins ordonnées de l'environnement matériel. L'apparition de la photosynthèse fut à l'origine de l'apparition de l'oxygène moléculaire dans notre atmosphère jusqu'alors fortement réductrice, apte aux synthèses et essentiellement favorable à l'explosion de la vie. Mais dans les couches supérieures de notre atmosphère, l'ozone filtra dès lors les rayons ultraviolets solaires permettant que l'ordre vivant progresse, à l'abri de leur énergie trop intense, non plus en masse mais en complexité. L'effecteur « vie » agissait encore sur des facteurs environnementaux par une rétroaction négative. Et de nos jours l'homme transforme sans cesse son environnement matériel qui en retour le transforme aussi. Nous en verrons plus loin les dernières conséquences.

Cybernétique et maintien des structures vivantes.

Si c'est une dynamique cybernétique qui a présidé à la naissance de la vie, puis à son évolution, ce sont encore des mécanismes du même ordre qui en assurent le maintien, tant à l'échelon planétaire des espèces animales ou des groupes humains, qu'à celui de l'individu. Un être vivant n'est pas constitué d'autres éléments que la matière inanimée. Sans doute se combinent-ils suivant un ordre particulier réalisé autour de l'atome de carbone, dont un électron π délocalisé, a permis vraisemblablement des combinaisons plus faciles et plus nombreuses. Mais la matière vivante est soumise aussi au deuxième principe de la thermodynamique. Elle tend constamment vers le désordre, vers le nivellement thermodynamique. Si elle peut maintenir sa structure complexe, c'est grâce à un apport constant d'énergie chimique fournie par les aliments, énergie alimentaire qui n'est elle-même rien d'autre que le résultat de la transformation de l'énergie photonique solaire par la photosynthèse. Or, dans le maintien de cette structure, les régulations cybernétiques règnent à tous les échelons d'organisation, depuis la molécule jusqu'à l'individu entier plongé dans son environnement.

On a pu dire que la vie faisait de la négentropie, s'opposait au principe de Carnot. La construction de matière vivante (l'anabolisme) semble en effet s'opposer au nivellement thermodynamique. La vie fait de l'ordre à partir du désordre du monde inanimé. Mais il faut ajouter qu'elle le fait généralement en favorisant par ailleurs le désordre, puisqu'une telle construction ne se réalise le plus souvent que par la destruction (catabolisme) des molécules déjà hautement organisées que lui fournit la photosynthèse. Ce dernier processus paraît être le seul véritablement constructif à l'échelle de notre globe.

Cybernétique et réaction enzymatique.

La cybernétique apparaît dès la réaction enzymatique. On sait en effet que les réactions biochimiques se distinguent des réactions chimiques par la faible énergie d'activation qu'elles nécessitent. Ceci est rendu possible par l'existence d'enzymes, molécules protéiques qui, s'interposant entre deux molécules stables, permettent le passage de l'une (le substrat) à l'autre (le produit de la réaction) d'un électron à la fois. Le substrat est donc ainsi oxydé (il perd un électron) et le produit se trouve réduit (il gagne un électron). Mais comme une réaction enzymatique se trouve généralement précédée d'une autre réaction pour laquelle ce que nous avons dit être le substrat de la première se trouve être le produit de la réaction, pour la seconde on imagine que les électrons vont transiter dans la matière vivante, arrachés primitivement aux substrats alimentaires (glucides, lipides, protides) pour aboutir finalement à l'oxygène (le plus souvent) qui les accepte. Il s'agit de processus en chaîne d'oxydo-réduction, d'un système ouvert dans lequel la matière pénètre sous une forme complexe (les aliments) et sort sous une forme dégradée. Entre-temps elle a abandonné une certaine quantité d'énergie que lui avait confiée le photon solaire, et cette énergie a été mise en réserve dans les composés phosphorés riches en énergie au sein de la cellule. Cette mise en réserve se réalise par de multiples petites étapes successives et non brutalement comme dans une combustion explosive.

Un tel système est incapable de s'adapter aux variations quelque peu importantes survenant dans les caractéristiques du milieu, et si la vie n'était soumise qu'à des régulations de ce type elle aurait été incapable non seulement d'évoluer, mais même de se maintenir dans l'ambiance terrestre, cependant déjà fortement homéostasiée.

Or, on peut dire que les mécanismes métaboliques dont nous venons de schématiser l'ordonnance générale servent essentiellement à capter l'énergie d'excitation des élections des molécules d'hydrogène contenues dans les substrats alimentaires pour la mettre en réserve dans des molécules chimiques dont elle sera facilement libérée, les composés phosphorés riches en énergie (ATP). Cette énergie subviendra ensuite à tous les besoins vitaux : maintien de la structure moléculaire et organique, libération d'énergie mécanique ou nerveuse, libération de chaleur permettant la constance de l'activité des réactions enzymatiques, construction de matière vivante (anabolisme).

Or, l'orientation et l'intensité de ces différentes activités, dont le résultat est en définitive l'adaptation de l'individu au milieu environnant, sont commandées par les variations survenant dans ce milieu lui-même. Ces dernières ne se feront pas généralement sentir directement à l'échelon métabolique, mais ressenties par l'individu dans son ensemble se répercuteront aux différents échelons d'organisation, celui des systèmes et des tissus (nerveux, endocriniens, vasculaires, musculaires) celui des cellules qui les constituent, avant d'atteindre l'organisation infracellulaire, puis moléculaire. Il résulte de cet enchaînement deux conséquences essentielles.

La première est que, en définitive, à l'échelon moléculaire, celui des réactions enzymatiques, ce sont les variations survenues dans l'environnement qui régleront l'intensité même de ces réactions par l'utilisation plus ou moins brutale d'ATP qu'elles vont exiger. En effet, la réaction de l'individu sera de fuite ou de lutte, engageant une dépense supplémentaire d'énergie chimique antérieurement stockée sous forme d'ATP. Mais cette réaction va s'opposer à la variation survenue dans l'environnement, puisque la fuite soustraira l'organisme à cette variation, tandis que la lutte la fera disparaître et rétablira des conditions de vie normale. Régulation cybernétique encore à l'échelon de l'individu dans le milieu qui l'entoure, l'action de l'effecteur vivant contrôlant le ou les facteurs de l'environnement qui l'ont provoquée. Nous venons, en exprimant cette idée, de passer d'une discipline à une autre : de ce qu'il est convenu d'appeler la biologie à ce qu'il est convenu d'appeler la physiologie.

La deuxième conséquence est de nous entraîner alors à la conception du servo-mécanisme. Jusqu'ici, les mécanismes du feed-back que nous avons envisagés à l'échelon moléculaire n'avaient comme résultat que de maintenir la constance des valeurs de l'effet de l'« affecteur-réaction enzymatique ». Or, nous venons de voir qu'entre l'environnement et ces réactions enzymatiques s'interposaient des niveaux d'organisation de plus en plus complexes (cellules, tissus, systèmes) jusqu'à la composition de l'organisme entier. Chacun de ces niveaux d'organisation va tenir sous sa dépendance le niveau immédiatement « sous-jacent » de même qu'il sera lui aussi sous la dépendance du niveau d'organisation immédiatement supérieur. L'effet de chacun d'eux verra sa valeur dépendre d'une valeur dite de commande extérieure au système et intervenant sur la boucle rétroactive. Dans la régulation l'effet est garanti par le feed-back contre les variations de ses facteurs. Dans le servo-mécanisme il demeure sensible à ce qui peut affecter le feed-back lui-même. Si l'on fixe la commande d'un servo-mécanisme on obtient un régulateur. Si nous la libérons nous avons un servo-mécanisme. Chaque niveau d'organisation dans un organisme vivant est relié au niveau immédiatement supérieur par une commande intervenant sur la boucle rétroactive. Il s'agit donc bien d'une chaîne de servo-mécanismes.

Prenons un exemple en le simplifiant. La contraction d'un muscle strié dépend de ses processus métaboliques aboutissant à la synthèse d'ATP. Cet ATP fournit l'énergie indispensable à la contraction musculaire. Si l'organisme a besoin de fuir ou de lutter du fait de l'apparition d'une variation des conditions de vie dans l'environnement, il le fera grâce à sa mobilité dans le milieu rendue possible par la contraction de ses muscles striés. Cette contraction dépensera l'ATP mis en réserve par son métabolisme, dont l'intensité va croître. Cet accroissement rétablira les réserves appauvries momentanément par les dépenses nécessitées par la fuite ou la lutte. Dans cette succession d'événements, la variation survenue dans l'environnement aura déclenché une réponse nerveuse, qui elle-même aura déclenché la réponse métabolique. Chaque niveau d'organisation aura réagi sur le suivant en intervenant sur le régulateur qu'il représente par une commande des caractéristiques de réglage de la boucle rétroactive. Et l'on peut dire que la contraction musculaire, si elle rétablit dans l'environnement des conditions de vie normales pour l'organisme, aura fermé la boucle sur l'environnement lui-même.

Cette notion nous amène à considérer que la finalité de chaque élément différencié de la matière vivante coïncide avec celle de l'organisme entier. Mais aussi que chaque action spécifique d'une structure, moléculaire, infracellulaire, cellulaire, d'un tissu, d'un organe, a pour but le maintien de l'équilibre de chaque élément considéré, vis-à-vis de son environnement immédiat, mais au « moyen » du maintien de l'équilibre de l'organisme entier. Le but d'un fil de cuivre dans un circuit électrique peut être de conduire le courant. S'il est séparé de la source d'énergie il n'en demeure pas moins fil de cuivre, sa structure ne varie pas, bien que sa finalité ait disparu. Un organisme vivant par contre, qui ne réalise plus sa finalité, est un cadavre. Sa structure disparaît avec la disparition de l'action finalisée. La finalité de celle-ci paraît donc bien être le maintien de sa structure.

Nous venons, assez maladroitement sans doute, de fournir une idée des mécanismes cybernétiques au niveau d'organisation moléculaire en montrant leur mode de liaison avec les autres niveaux d'organisation plus complexes. On peut schématiser encore en disant que la *matière* organique s'organise autour de la molécule de carbone grâce à l'électron π de celui-ci, mais que l'*énergie* biologique s'organise autour de la molécule d'hydrogène. C'est elle qui constitue le réservoir où s'emmagasine l'énergie photonique solaire et nous pouvons considérer les substrats alimentaires comme des moyens de transport de ces molécules d'hydrogène jusqu'au lieu de leur utilisation énergétique, la cellule. La mécanique métabolique se comprend ainsi, comme un concasseur de molécules organiques libérant la molécule d'hydrogène, comme un transformateur de l'énergie d'excitation de cette dernière en énergie chimique (synthèse de l'ATP) et comme un transformateur de cette dernière en travail et chaleur lui permettant d'agir sur l'environnement

Cybernétique et synthèse organique.

Cependant, pour conserver à l'organisme une certaine autonomie par rapport à l'environnement, un certain rayon d'action, l'ATP, énergie immédiatement utilisable, ne constitue pas une réserve suffisante. D'autre part, l'organisme doit continuellement reconstruire une structure tendant naturellement au nivellement. Nous avons déjà signalé que construire c'est réduire : la molécule d'hydrogène est le ciment indispensable à la cohésion de tous les éléments entrant dans la constitution de la molécule vivante. Or, la succession de réactions enzymatiques à laquelle nous nous sommes jusqu'ici intéressé est une voie oxydative, catabolisante, libératrice d'énergie, puisque la mise en réserve de cette énergie dans la molécule d'ATP est limitée et immédiatement utilisable, essentiellement labile. Une autre voie est nécessaire pour construire, pour mettre en réserve les matériaux essentiels à cette construction (carbone : les briques, hydrogène : le ciment). C'est une autre voie métabolique, en d'autres termes une autre succession de réactions enzymatiques, qui s'en charge. A l'extrémité de celle-ci, pas d'oxygène, pas de synthèse d'ATP. Mais mise en réserve de sucres à cinq atomes de carbone (pentoses) et de la molécule d'hydrogène sur un coenzyme (NADP qui, réduit, devient $NADPH_2$). A partir de là, toutes les constructions seront possibles, celle des graisses, véritable stock énergétique de réserve, des molécules hormonales ; possible la réparation de l'usure métabolique et surtout la construction des moules spécifiques nécessaires à la synthèse des protéines, donc des enzymes, grâce à la synthèse des acides nucléiques. Cette voie, c'est la voie dite « des pentoses ». Mais la même molécule de glucose phosphorylée (le glucose 6-phosphate) étant à l'origine de cette voie comme de la précédente, on conçoit que l'activité de l'une inhibera celle de l'autre et une régulation en constance apparaît là encore. La voie libératrice d'énergie, la première dont nous avons fait mention, sera mise en jeu par les variations survenant dans l'environnement puisque ces variations vont déclencher l'utilisation de l'ATP et des stocks énergétiques de réserve (glycogène et graisses en particulier). Le glucose 6-phosphate sera détourné de son utilisation dans la voie des pentoses. Mais, à la suite d'un mécanisme que nous ne pouvons nous permettre de décrire ici, il en résultera après une certaine hystérésis (dont l'expression physiologique limite est pour nous ce qu'il est convenu d'appeler la « fatigue »), une mise en jeu de la voie des pentoses reconstituant les réserves et soustrayant le glucose 6-phosphate à la voie libératrice d'énergie, la voie « exergonique ». Cette régulation balancée entre l'utilisation différente des substrats alimentaires se fera sentir à tous les niveaux d'organisation signalés précédemment : celui de la cellule dont le potentiel de membrane variera de façon oscillante. A la dépolarisation contemporaine de la libération énergétique succédera une repolarisation, contemporaine de la reconstitution du potentiel redox primitif, autrement dit de la charge cellulaire en électrons et en molécules de H_2. Les organes et systèmes passeront ainsi par des étapes fonctionnelles alternées de travail et de repos et l'individu lui-même verra son comportement à l'égard de l'environnement alterner les phases d'éveil et de sommeil, chacune d'elles conditionnant l'apparition de l'autre. Mais cette activité fonctionnelle alternée que l'on peut suivre depuis l'activité enzymatique jusqu'au comportement est sous la dépendance du fonctionnement de ce que nous avons appelé les servo-mécanismes.

Systèmes d'interactions.

Parmi les moyens d'information existant entre les différents niveaux d'organisation, en d'autres termes parmi les systèmes de commande des servo-mécanismes, le système nerveux et le système endocrinien prennent une place de choix. C'est parce qu'une variation survient dans l'environnement, à laquelle l'individu doit s'adapter, que ces deux systèmes, sensibles à ces variations, vont répercuter sur l'activité métabolique, c'est-à-dire l'intensité et l'orientation des réactions enzymatiques, une commande destinée à modifier le comportement fonctionnel de la cellule, donc des organes, dont il résultera en définitive un comportement approprié de l'individu entier, susceptible de transformer l'environnement au mieux de sa survie.

Par exemple, si une variation quelque peu importante et brutale survient dans l'environnement, elle exigera un accroissement de sa libération énergétique pour assurer sa survie, puisque celle-ci n'est possible que par la fuite ou la lutte sous toutes ses formes plus ou moins apparentes et dégradées. Par la fuite ou la lutte seront rétablies les conditions favorables aux régulations harmonieuses entre individu et environnement. Le système nerveux alerté, alertant lui-même le système endocrinien, il en résulte une activation de la voie énergétique lui permettant l'accomplissement d'un certain travail et une libération de chaleur. Cela se fera par une sécrétion d'adrénaline, de thyroxine, de corticoïdes surrénaux, qui accéléreront le fonctionnement de la voie exergonique. Grâce à cette activation, les centres sont tenus en éveil, leur excitabilité augmente, les muscles se contractent permettant d'assurer l'autonomie motrice de l'individu au sein du milieu. Cela n'est possible que si système nerveux et neuromusculaire sont suffisamment alimentés et oxygénés puisque l'oxygène est l'accepteur privilégié des électrons ayant cédé leur énergie d'excitation en vue de la synthèse d'ATP. La masse sanguine subit alors une nouvelle répartition ; certains organes non immédiatement indispensables à la fuite ou à la lutte sont le siège d'une diminution de calibre des vaisseaux qui les irriguent (vaso-constriction), une plus grande masse de sang circulera en conséquence dans les organes indispensables à l'autonomie motrice. Ce sang circulera plus vite du fait de l'accélération du rythme cardiaque et de l'accroissement du rythme de la ventilation, etc., c'est, en définitive, grâce à cette libération énergétique accrue de certains organes que l'individu pourra en retour agir sur l'environnement qui a été à l'origine de sa réaction.

Nous venons d'envisager là de façon très schématique une régulation du comportement de l'individu dans le milieu, qui entraîne une série de régulations en chaîne avec leurs conséquences à l'échelon moléculaire du métabolisme, lequel en retour supporte toute la réaction de l'individu à l'environnement. L'autonomie motrice qui en résulte permet le maintien de l'intégrité des structures complexes de l'être vivant, malgré les variations soudaines des caractéristiques du milieu. Elle ne sera elle-même réalisable que grâce aux régulations internes qui, nous venons de le voir, permettent un approvisionnement cellulaire préférentiel en molécules de H_2 à certains organes et l'excrétion des ions H^+ libérés par le métabolisme énergétique, au gré de ses variations d'intensité.

Cybernétique et régulation entre cellules et milieu intérieur.

La colonie cellulaire que représente un organisme supérieur ne prend contact avec l'environnement que par une surface restreinte. La majorité des cellules en est séparée par un matelas aqueux, équivalent de l'océan primitif où baignaient nos lointains ancêtres, et dont ils semblent avoir emporté un fragment avec eux en passant de la vie aquatique à la vie aérienne. C'est par l'intermédiaire de ce milieu intérieur que se fait leur approvisionnement en substrats énergétiques et c'est lui qui recevra les produits de déchets de leur métabolisme. L'alimentation, la digestion, l'absorption intestinale assureront l'approvisionnement en substrats lipidiques, glucidiques et protéiques. Nous avons vu que, quel que soit le substrat utilisé, le fonctionnement métabolique cellulaire consiste en leur déshydrogénation et en l'ionisation des molécules de H_2 qui permet la mise en réserve de l'énergie liée à l'électron.

Les ions H^+ continuellement déversés dans le milieu extracellulaire risqueraient d'en abaisser rapidement le *p*H si un brassage et une mobilisation continuelle de ce liquide dont le sang constitue la partie la plus mobile, ne portaient ces ions H^+ aux émonctoires, poumons et reins, où ils seront excrétés.

Le système cardio-vasculaire avec sa pompe cardiaque assurera cette mobilisation. La dilatation des vaisseaux d'un organe au travail lui assure à la fois un meilleur approvisionnement en substrats (molécules de H_2) et en O_2 accepteurs des électrons libérés par l'ionisation métabolique accrue de ces mêmes molécules. Il existe là une régulation locale en constance du métabolisme d'un organe sur le calibre des vaisseaux qui l'irriguent, l'abaissement du *p*H extracellulaire provoqué par l'accroissement de l'intensité métabolique assurant le relâchement des muscles lisses des vaisseaux. La masse sanguine subira une nouvelle répartition, les vaisseaux d'autres organes diminueront de calibre, ainsi la pression de perfusion restera la même. Cette régulation se fera grâce à ces organes sensibles aux variations de la pression artérielle situés en des zones privilégiées du système vasculaire, en particulier au niveau des carotides (sinus carotidiens) car la pression de perfusion du cerveau est celle qui demeure la plus stable et la mieux protégée. Toute diminution de la pression artérielle provoquera ainsi un réflexe dont la conséquence sera une libération d'adrénaline par les surrénales entraînant une vaso-constriction réactionnelle.

La pression artérielle est donc réglée par la valeur même de la pression artérielle. Mais là encore ce régulateur devient un servo-mécanisme par une commande extérieure au système qui consiste dans les variations du *p*H du milieu intérieur, alertant des zones chémosensibles. Ainsi, avec l'augmentation du travail métabolique des cellules libérant une plus grande quantité d'ions H^+, et la chute du *p*H qui en résulte, des réflexes seront mis en jeu.

Ils provoqueront d'une part une accélération du rythme cardiaque assurant une mobilisation plus rapide de la masse circulante et une accélération de la ventilation qui par l'excrétion accrue de $CO_2 + H_2O$ permettra un contrôle rapide de la constance du *p*H.

Régulateur et servo-mécanisme sont en effet retrouvés au niveau de l'appareil ventilatoire : un régulateur, car un réflexe passant par la voie du pneumogastrique (réflexe d'Hering-Breuer), véritable rétroaction négative, assure l'inhibition du centre inspiratoire dès que l'amplitude inspiratoire atteint un certain seuil, provoquant alors l'expiration. Mais ce régulateur devient un servo-mécanisme, si l'on considère que l'excitabilité du centre inspiratoire résulte de la concentration en CO_3H_2 du milieu intérieur, elle-même liée à l'intensité du fonctionnement métabolique cellulaire.

On voit ainsi que l'intensité des processus métaboliques libérateurs d'ions hydrogène règle elle-même l'intensité et la rapidité de la mobilisation et de l'excrétion de ces ions H^+, de telle sorte que le *p*H du milieu extracellulaire demeure constant.

Nous pourrions envisager de la même façon la régulation de l'émonctoire rénal qui se charge surtout de l'excrétion des ions hydrogène liés à des acides plus fixes que ne l'est le CO_3H_2, acide faible et peu dissocié. De la même façon, l'approvisionnement cellulaire en molécules de H_2 est assuré, en particulier par la régulation de la glycémie. Il nous suffira d'indiquer qu'à partir des réserves hépatiques en glycogène, des mécanismes libéreront du glucose, suivant les besoins du métabolisme cellulaire. Les régulations se feront là encore par l'intermédiaire des systèmes nerveux et endocriniens. Mais la commande se faisant en réponse aux variations de l'environnement, le système doit être considéré aussi comme un servo-mécanisme.

Ainsi, il ressort avant tout de la description succincte

que nous avons faite des principales régulations physiobiologiques, qu'à tous les niveaux d'observation ces régulations tendent au maintien de la constance des caractéristiques du milieu qui entoure l'élément considéré. L'organisme entier tend à stabiliser son environnement, la cellule à stabiliser le sien, le milieu intérieur, et elle le fera d'autant mieux que la colonie cellulaire, avec la constance de son milieu intérieur, possède alors une autonomie motrice capable de mieux contrôler l'environnement de l'organisme entier. Pour ne prendre qu'un exemple chez l'homme, le vêtement, l'habitation et les moyens de chauffage qui résultent de l'action de l'homme sur l'environnement, maintiennent la constance du *p*H de notre milieu intérieur aux moindres frais énergétiques cellulaires puisqu'ils évitent le frisson, la production cellulaire de chaleur obtenue au prix d'une consommation désordonnée d'hydrates de carbone et de graisses et pouvant aboutir à l'épuisement cellulaire et à la mort.

La physiopathologie.

Malgré la difficulté que l'on éprouve à définir la « maladie » et ses limites, l'observation des faits nous conduit à la considérer comme un état anormal. De là à en déduire qu'elle est liée au dérèglement des régulations que nous venons de décrire il n'y a qu'un pas. Cependant, une critique plus attentive des faits physiopathologiques nous conduit à leur trouver une régulation, mais une régulation dans laquelle, alors que la finalité de l'organisme vivant n'a pas changé, les moyens qu'il utilise pour la réaliser se sont transformés. Il y a eu changement de programme.

Nous avons déjà indiqué qu'à notre avis la finalité d'un être vivant était le maintien de sa structure complexe dans un environnement moins complexifié. Or, la simple excitation, c'est-à-dire le seul fait pour lui de subir l'apport d'une énergie extérieure sous une forme autre que celle élaborée des substrats, constitue déjà une tendance au nivellement thermodynamique, et l'on constate une déstructuration des protéines par rupture des liaisons hydrogène : déstructuration réversible dans l'excitation, alors que dans l'irritation et la mort elle est irréversible. C'est entre les deux que se situe l'état physiopathologique, la « maladie », mais il est bien difficile d'en définir les frontières, car à notre avis ce sont des *frontières temporelles*.

A l'*échelon cellulaire* nous avons succinctement schématisé plus haut les processus métaboliques oscillants qui, extériorisés par les variations du potentiel de membrane, permettent à l'être unicellulaire de maintenir son autonomie dans le milieu environnant. Nous avons signalé que ces variations oscillantes du potentiel de membrane se situaient à l'échelle de temps de la milliseconde. Toute variation qui tend à se stabiliser ou à utiliser une période plus longue peut être alors considérée comme pathologique. S'il est alors possible de définir peut-être une frontière temporelle entre physiologique et pathologique, les variations qui mèneront du pathologique à la mort sont si progressives qu'il est par contre pratiquement impossible d'envisager actuellement une limite entre ces deux derniers états, alors que le rôle du biologiste est justement de tenter de faire reculer le second à l'avantage du premier.

A l'échelle des êtres pluricellulaires et particulièrement des homéothermes, la limite entre physiologique et pathologique est pareillement temporelle. La réaction stable aux variations de l'environnement en est la plus limpide expression.

Cette réaction que nous venons d'étudier rend possible la fuite ou la lutte. L'homéostasie, que l'on a restreinte depuis Cannon au maintien de la constance des caractéristiques du milieu intérieur, est alors gravement perturbée, comme l'objectivent par exemple l'abaissement du *p*H, l'hypoglycémie, l'hypercoagulabilité, l'hyperadrénalinémie, etc. Les organes hypovascularisés vont souffrir. Mais la fuite ou la lutte rendues possibles permettront, en supprimant ou évitant l'agent d'agression, le retour à l'équilibre physiologique normal. La finalité de l'organisme, à savoir le maintien de ses structures, sera donc observée. *Mais à une condition, c'est que la réaction à l'agression soit efficace.* Car si elle dure, la mort des organes momentanément sacrifiés sera cause de la mort de l'organisme entier.

Là encore nous constatons que les réactions oscillantes passent du physiologique au pathologique dès que s'installe un état stable. Les régulations en « constance » deviennent des régulations en « tendance ». Du moins doit-on plus précisément envisager le produit de l'intensité par la durée de la réaction, ce qui nous amène à concevoir une « quantité réactionnelle » et nous oblige, pour l'organisme entier comme pour la cellule, à l'envisager sous forme d'« énergie », de même que c'est une énergie de l'environnement qui la provoque.

Puisque nous arrivons à cette conclusion que le temps joue un rôle considérable dans le mécanisme de la maladie, et qu'il s'agit là d'un temps lié à la vitesse des processus enzymatiques, on est évidemment conduit à penser que l'un des aspects de la thérapeutique préventive est le ralentissement de la vitesse de ces processus, ce que réalise l'*hypothermie*. Ce sera aussi de tempérer la réaction nerveuse et endocrinienne, en particulier vasomotrice, qui a conduit au « changement de programme », ce que nous réalisons par la « neuroplégie ».

Il n'est pas sans intérêt de signaler qu'une drogue comme le chlorpromazine, capable à l'échelle organique de bloquer la réflectivité nerveuse, à l'échelle de la cellule de rétablir un potentiel membranaire de repos, a été montrée également capable, par Szent-Gyorgyi, de ramener certaines molécules excitées à leur potentiel énergétique de base.

Cybernétique et comportement « intelligent ».

Nous avons déjà signalé que le fonctionnement du système nerveux central avait été un des premiers phénomènes auxquels le cybernéticien avait prêté attention. Les exemples de mécanismes cybernétiques dans l'activité nerveuse sont innombrables ; il n'est certes pas question, dans un texte aussi contracté que celui-ci, de schématiser même les plus connus d'entre eux. Nous attirerons simplement l'attention sur certains faits distinguant l'activité nerveuse humaine de celle des autres animaux, mammifères en particulier.

En ce qui concerne l'organisation nerveuse centrale, elle paraît être analogue dans toutes les espèces évoluées. Un fait distingue nettement le cerveau humain, c'est l'énorme développement du cortex cérébral. Celui-ci est déjà un « néocortex » apparu tardivement dans la lignée animale, alors que le paléocortex, progressivement recouvert et rejeté plus profondément, se trouve actuellement représenté chez les mammifères par l'hippocampe. Audessous du cortex jusqu'à la moelle se trouve ainsi le paléocéphale. Celui-ci est le siège de fonctions déjà fort évoluées, dont l'une est indispensable à la survie de l'individu : la mémoire. Nous ne pouvons développer ici les récentes idées concernant les phénomènes de mémorisation. Disons seulement que, quels qu'en soient les mécanismes complexes, ils sont indispensables à la survie de l'individu au même titre que la mémoire génétique, inscrite dans les molécules d'ADN, est indispensable à la survie de l'espèce. Les faits mémorisés constituent des « ensembles » composés d'« éléments » mémorisés suivant la collecte réalisée par les sens, moyens de perceptions plus ou moins sensibles et diversement développés suivant l'espèce envisagée. L'architecture nerveuse du cortex a pu le faire considérer essentiellement comme un organe d'« association ». Nous pouvons le considérer comme un organe d'association des « éléments » mémorisés dans le paléocéphale. Il s'ensuit que son développement, presque caricatural chez l'homme, permettra des associations particulièrement nombreuses et variées et nous voyons en lui la possibilité d'« imaginer ». Imaginer pourrait en effet se définir « la possibilité d'associer de façon originale les éléments mémorisés ». L'enfant qui vient de naître n'a mémorisé que l'histoire du phylum dans ses molécules d'ADN. Il ne pourra imaginer que lorsque son expérience personnelle aura commencé à lui fournir les éléments mémorisés capables d'êtres associés d'une façon différente de celle suivant laquelle ils lui auront été confiés par ses sens. Le cortex joue ainsi un rôle que nous avons surnommé parfois de « mélangeur ».

Un fait également essentiel chez l'homme est l'apparition des langages. Les mots en effet, se détachant des objets qui les ont vus naître, mémorisant les multiples facettes d'une expérience protéiforme, permettront l'abstraction. Le mélangeur ne fonctionnant plus seulement sur des « éléments » fournis par les sens, mais sur des concepts, permettra un comportement d'une richesse infinie. Ainsi, avec le cerveau humain pourra se développer la faculté essentielle d'une comparaison constante entre le comportement réflexe issu de l'expérience et mémorisé dans le paléocéphale, « réflexe conditionné » et résumé le plus souvent dans un réflexe de fuite ou de lutte, et le comportement élaboré par un « mélangeur » capable d'associer de façon originale les éléments mémorisés, c'est-à-dire de découvrir des solutions comportementales nouvelles aux variations survenues dans le milieu et de les soumettre à l'expérience des faits. Si l'on ajoute que le langage permet alors à toute réussite nouvelle d'être transmise aux générations suivantes, de dépasser ainsi le cadre de l'individu, on conçoit que si la molécule d'ADN a été le support de l'évolution génétique, le langage a été celui de l'évolution humaine.

Qu'il nous soit permis en terminant d'attirer l'attention sur deux notions qui nous paraissent intéressantes. La première, c'est que ce que nous avons coutume d'appeler la « conscience » n'est peut-être que la conséquence du fait que l'homme, grâce à son cortex, son « mélangeur d'informations », d'une part s'interdit la possibilité de n'agir que de façon uniquement réflexe, donc inconsciente, mais que d'autre part son conditionnement paléocéphalique l'oblige à ne pas ignorer cependant le dur et lourd déterminisme des faits matériels. Ni ange, ni bête, mais conscient, tel est l'homme pris entre son imagination et sa mémoire.

La seconde est que, si les mots ont permis à son expérience du monde une richesse d'abstraction qu'aucun autre animal n'a atteinte, l'erreur la plus grave qu'il ait commise au cours de l'Histoire est d'avoir cru qu'il existait une relation bi-univoque entre eux et les objets qu'ils décrivent. Prendre le mot pour l'objet, lequel n'est déjà guère plus qu'une construction de nos sens, ne plus réagir paléocéphaliquement, en d'autres termes affectivement, qu'aux mots, est la source vraisemblable de nos malheurs et des calamités guerrières qui ont ensanglanté notre histoire. L'apport à l'intelligence humaine de la cybernétique et de la relativité, nous aidera peut-être à les faire disparaître. En effet, quand le cerveau prend conscience qu'il n'est lui-même qu'un système relationnel, pour s'évader de la prison fallacieuse des mots, il a trouvé la cybernétique, moyen d'exprimer dynamiquememt un ensemble de relations. La cybernétique ne serait au fond qu'un des mécanismes par lesquels s'exprime la relativité du monde einsteinien.

*

En définitive, qu'observons-nous dans l'organisation croissante des structures vivantes jusqu'à l'homme ? Dès les êtres unicellulaires les plus simples, matériellement tout était déjà donné. C'est la dynamique cybernétique des constructions plus complexes qui fait surgir une « efficacité » progressive de l'individu sur son environnement. Devons-nous limiter là cette progression ? Qui ne voit que l'organisation dynamique, elle-même progressive, des groupes et des sociétés humaines, n'est que le prolongement à un niveau de complexité supérieur de cet accroissement d'efficacité d'une action sur l'environnement ? En en ayant pris conscience, l'homme ne serait-il pas capable de s'ériger maintenant en commande de servo-mécanisme ? Dans cette hypothèse, même en biologie, la cybernétique serait bien l'art de rendre efficace l'action. Mais ce n'est là qu'envisager la finalité de cette action. Par contre, du point de vue de sa signification générale, on pourrait aussi bien dire qu'elle représente la science de la dynamique des structures.

OPINIONS CONCERNANT LA NOTION D'ÉQUILIBRE EN PHYSIOLOGIE

J'ai bien peur que lorsqu'on parle d'équilibre, sur quelque sujet que ce soit, et en physiologie en particulier, on ajoute à ce mot un jugement de valeur dont les faits n'ont cure car ils se contentent d'être. C'est nous qui les jugeons bons ou mauvais, justes ou injustes, laids ou beaux, équilibrés ou déséquilibrés, suivant la conséquence qu'ils peuvent avoir sur notre survie personnelle ou celle du groupe social auquel nous appartenons. Si nous prenons la définition de l'équilibre fournie par le dictionnaire, nous lisons : « Etat d'un corps, d'un point matériel, d'un système de points matériels auxquels sont apliquées des forces qui ne produisent sur lui aucun effet, parce que leurs actions s'annulent. » On donne le nom d'équilibre « statique » à l'équilibre d'un corps au repos sollicité par diverses forces et d'équilibre « dynamique » à celui d'un corps en mouvement sollicité par des forces qui n'altèrent en rien ce mouvement.

Il est clair qu'un équilibre statique ne peut trouver place en physiologie. On peut même dire que la vie est le contraire de l'équilibre et cette notion apparaît dès la réaction enzymatique. On sait que l'activité d'une enzyme est avant tout liée aux quantités en présence du substrat et du produit de la réaction. Les réactions enzymatiques *in vitro* sont régies par un certain nombre de lois, et ce sont généralement des réactions d'« équilibre ». Mais si cela est vrai *in vitro*, par contre *in vivo* si cet équilibre était atteint il n'y aurait plus de vie possible. C'est justement parce que sur le plan physico-chimique la vie est un système ouvert, donc déséquilibré, que la vie se réalise. Si la réversibilité des réactions est possible isolément, elle est rarement souhaitable, et tout se passe comme si un organisme vivant, de sa conception à sa mort, n'était qu'un lieu de passage pour l'énergie photonique solaire transformée en énergie chimique. Ainsi, dès la molécule un système en équilibre est un système sans intérêt pour la vie, incapable d'évolution, éternel et inefficace. C'est le nivellement thermodynamique de la mort et du principe de Carnot.

Dans l'équilibre la vie n'aurait jamais pris naissance, la complexité croissante des formes n'aurait pu apparaître. C'est au contraire dans un déséquilibre constant, comme celui d'un homme qui, poussé dans le dos court après son centre de gravité pour ne pas tomber, que la vie a été possible.

Nous disions plus haut que la vie apparaissait comme un lieu de passage pour l'énergie photonique solaire. Ce lieu de passage dans chaque individu maintient quelque temps sa structure, c'est-à-dire les relations existant entre les atomes et les molécules qui le composent, dans une certaine organisation spatio-temporelle qui peut donner en effet l'impression d'un équilibre. Equilibre qui serait d'ailleurs bien mal réalisé puisque dès sa conception un organisme vivant évolue inéluctablement vers la mort. On a coutume de dire que le catabolisme, à savoir la tendance au désordre moléculaire, à la déstructuration, doit être « équilibré » par l'anabolisme, à savoir la tendance à l'ordre, à la structuration. Ce qui est exact, mais seulement temporaire puisque nous devons naître et mourir. Et surtout, il faut ajouter que le maintien très temporaire de cette structure se fait aux dépens d'une dégradation d'énergie solaire relativement considérable ; cet équilibre précaire n'est donc possible que parce que le soleil constitue pour nous une source gratuite d'énergie, qui n'est inépuisable qu'à notre échelle de temps et de grandeur.

De plus, si ce maintien des structures était un véritable équilibre, on comprendrait mal le fait indiscutable de l'évolution des formes vivantes. Rien n'aurait jamais dû changer. Or, l'environnement de la vie sur notre globe a changé depuis qu'elle est apparue. Et l'adaptation n'est au fond qu'une perte d'équilibre et la recherche d'un nouvel état que l'on ne peut nommer « équilibre » car déjà disparu lorsqu'il est atteint. La vie elle-même est souvent à l'origine du déséquilibre. Elle ne peut être séparée de son milieu et l'une de ses principales caractéristiques est l'action, il faut ajouter : l'action sur l'environnement. Elle est donc elle-même un facteur essentiel de la transformation de l'environnement en facteur essentiel de déséquilibre, ce qui revient à dire un facteur de sa propre transformation. La photosynthèse, en faisant apparaître dans l'atmosphère essentiellement réductrice de la terre jusqu'à son apparition l'oxygène moléculaire qui en était absent, a permis la formation d'ozone dans les couches supérieures de cette atmosphère. Or, cette couche d'ozone a diminué la nocivité des rayons ultraviolets et, sous sa protection, la vie a pu prendre un nouveau départ.

Ce que nous avons noté à l'échelon moléculaire se retrouve donc aussi à des niveaux d'organisation de complexité plus grande : à savoir l'impossibilité d'un équilibre entre une fraction isolée de la matière vivante et son environnement. Au niveau de la cellule prise comme unité les faits sont analogues. Le potentiel de membrane n'est jamais une valeur stable, mais oscillant autour d'une valeur moyenne jamais atteinte, mais surtout toute variation de l'environnement provoque aussitôt une dépolarisation que le métabolisme un instant accru devra combattre. On pourrait voir là une sorte d'équilibre oscillant. Mais la finalité d'une cellule n'est pas de rétablir son potentiel de membrane perturbé ; ce rétablissement n'est pour elle qu'un moyen d'agir. Le maintien de sa structure n'est qu'un moyen d'action que nous comprendrons mieux quand nous aurons défini plus loin ce qu'est une régulation et un servo-mécanisme.

Et quand de la cellule on passe aux organes et organismes, on s'aperçoit que cette notion d'équilibre nous a longtemps trompés. Equilibre du milieu intérieur, a dit Claude Bernard, homéostasie a dit Cannon pour exprimer le maintien de la constance des conditions de vie dans l'environnement liquidien dans lequel baignent nos cellules. Mais tous les processus vivants n'ont pas pour but, comme on le répète depuis Claude Bernard, de maintenir cette constance. Il se trouve que dans un environnement relativement stable un certain nombre de mécanismes régulateurs corrigent les perturbations légères de ce milieu intérieur résultant de l'accomplissement des processus vivants eux-mêmes. Tout d'abord, de même que l'on ne peut envisager la cellule séparée du milieu où elle baigne, on ne peut non plus envisager ce milieu sans considérer la cellule qui agit. Mais surtout, lorsque l'organisme se trouve agressé par une variation importante du milieu où il vit, les perturbations biologiques constatées ne proviennent pas tant de l'action directe de l'agent agresseur que de la réaction que l'organisme lui-même met en jeu pour fuir ou pour lutter. Si l'on veut voir dans cette réaction une recherche d'équilibre, il faut la chercher très loin dans l'autonomie motrice qu'elle autorise par rapport au milieu agresseur. Par cette réaction, en fait, tout l'équilibre biologique se trouve rompu. Il ne se rétablira qu'au cas où la fuite ou la lutte auront permis le retour dans un environnement stable.

Malheureusement, il semble bien que la notion d'équilibre soit sortie renforcée par l'apport récent de la cybernétique. La notion de rétroaction (feed-back) est si plaisante et si simple pour l'esprit humain que l'on a voulu l'introduire partout. Mais il faut bien comprendre qu'un régulateur est incapable d'adaptation. Si l'on veut défendre la notion d'équilibre biologique en faisant appel aux régulateurs, on risque fort de ne voir que la partie la moins intéressante des régulations physiologiques et biologiques, en ignorant les servo-mécanismes, mécanismes essentiels du maintien de la vie, seuls capables d'assurer les déséquilibres salvateurs. Expliquons-nous.

Un baille-grain permet de contrôler la constance du débit du grain dans un moulin, un régulateur à boule de Watt permet de contrôler la constance de la pression de vapeur d'eau dans une machine, un thermostat la constance de la température d'un bain-marie, un pilote automatique la constance du cap choisi pour un bateau. Mais si le meunier veut momentanément broyer plus de grain pour répondre à une demande accrue de ses clients, il devra ouvrir plus largement les vannes de son bief ; si le mécanicien a besoin de rattraper le retard de son convoi, si nous avons besoin de maintenir une température plus élevée du bain-marie ou changer le cap du bateau, nous agirons sur le système régulé *en prenant une référence en dehors du système*. Nous agirons sur la boucle rétroactive, contrôlant la valeur des facteurs et nous romprons l'équilibre en constance pour obtenir un réglage différent. Nous avons transformé le régulateur en servo-mécanisme. Nous avons changé la valeur de référence autour de laquelle le système régule, en prenant une référence étrangère au système. Mais la nouvelle action du régulateur va alors transformer l'environnement dont fait partie le servo-mécanisme, tout est alors à recommencer.

Le régulateur, parfaitement équilibré autour d'une valeur moyenne, ne peut s'adapter qu'à des variations internes des facteurs qui commandent son effet. Le servo-mécanisme permet au régulateur de s'adapter à l'environnement. Toutes les régulations physiologiques sont en fait des servo-mécanismes. La régulation de la pression artérielle qui fait appel aux baro-récepteurs, sensibles aux variations de la pression dans le système circulatoire, est incapable de s'adapter à autre chose qu'aux variations de pression. Mais quand l'organisme travaille les sanctions des valeurs biochimiques des liquides extracellulaires qui résultent de l'accroissement des activités tissulaires mettent en jeu des récepteurs sensibles à ces variations biochimiques, les chémorécepteurs, et le réglage aussi bien de la ventilation que de l'hémodynamique, va s'en trouver perturbé. S'il y a maintien d'un équilibre, ce n'est plus dans le système circulatoire, c'est entre l'organisme et le milieu, et cet équilibre est obtenu au prix d'un déséquilibre considérable dans l'approvisionnement sanguin des organes splanchniques et tout particulièrement du foie, du rein, de l'intestin. Nous pourrions multiplier les exemples.

La notion d'équilibre est donc une notion qu'il faut manier avec prudence en physiologie. C'est, répétons-le, une notion dangereuse par le jugement de valeur qu'on lui attache car il est généralement sous-entendu que cet équilibre est un état favorable à rechercher, souhaitable. Or, tout naturellement on a alors tendance à passer de la physiologie à la psychologie, et de celle-ci à la psychophysiologie.

Il est bien évident que toute société a tendance à maintenir l'état dans lequel elle se trouve à partir du moment où elle se juge « équilibrée », au même titre qu'elle exige qu'un individu soit soumis à ses préjugés, ses jugements, ses préceptes. Un tel sujet est alors dit équilibré avec son milieu, état idéal en effet car il ne sera à l'origine d'aucune révolte. La soumission de l'individu à des préceptes stables maintiendra la stabilité de la société dont il dépend. Du moins cette société le croit-elle. Un tel individu n'aura même plus à penser, car la société lui aura créé de multiples réflexes conditionnés selon les règlements temporaires en vigueur du code de l'honneur, de la morale, des droits et des devoirs, etc. Pas d'inquiétude à avoir, l'homme équilibré comme le robot ne sera la source d'aucun ennui pour la société qui l'abrite. Mais, de même qu'un athlète de compétition n'est capable d'améliorer ses performances que parce qu'il est perpétuellement en déséquilibre, non seulement avec la moyenne de ses contemporains inscrite dans une courbe de Gauss comme tout phénomène biologique qui se respecte, mais encore avec lui-même, de même c'est dans le déséquilibre que tout individu et toute société sont capables de progresser. L'équilibre est, pour l'un et l'autre, un brevet de médiocrité. Les hommes qui ont fait progresser l'humanité ne pouvaient pas être en état d'équilibre avec elle, et si l'on parle parfois de « mutants » c'est justement parce que ces êtres exceptionnels n'étaient pas en équilibre avec le reste de leurs contemporains. Ils n'ont d'ailleurs pas « réussi ». La réussite sociale exige avant tout de ne rien changer aux critères en vigueur de la société de l'époque. La plupart des mutants sont morts tragiquement et pourtant ce sont eux qui ont fait évoluer l'humanité en rompant les équilibres de leur temps.

Partis de la molécule, nous voici parvenus aux sociétés humaines sans avoir à notre sens quitté le domaine de la physiologie ou plus exactement de la biologie, tant il est vrai que l'évolution de l'humanité elle-même dans son ensemble est encore un phénomène biologique qui prend son origine au niveau d'organisation des molécules et que, de niveau d'organisation en niveau d'organisation, rien ne sépare à aucun moment de la matière inanimée. Sinon qu'elle est vivante, c'est-à-dire en déséquilibre constant, en d'autres termes en évolution.

Il y aurait évidemment de gros livres à écrire sur les prétendus équilibres physiologiques. Beaucoup ont déjà été écrits. Le problème serait peut-être à repenser. Il fait appel à la notion de norme, de normal, opposé au pathologique. Nous avons souvent écrit que, les phénomènes physiologiques étant oscillants, le pathologique commençait pour nous dans la stabilité. Si nous poursuivons l'analogie sur le plan psychique, la cyclothymie serait-elle physiologique par excellence ? En fait, ce qu'il est convenu d'appeler « déséquilibre » tant sur le plan physiologique que biologique, que sur celui du comportement, c'est avant tout ce qui apporte une gêne au fonctionnement d'une organisation fortement structurée, qu'elle soit cellulaire ou sociale. Mais depuis l'âge des cavernes, cette céphalisation progressive de l'homme jusqu'à la tendance actuelle à la perte de l'usage de la main, que remplaceront bientôt les machines, n'est-ce pas un déséquilibre qui les ont rendues possibles ? L'homme a-t-il jamais été en équilibre avec son milieu ? Le milieu changeant sans cesse, l'équilibre sera peut-être possible le jour où, intégrant tous les facteurs de ces transformations incessantes, l'homme deviendra capable de les prévoir et non pas de les suivre mais de les précéder.

En réalité, la notion d'équilibre doit être conçue dans le temps et l'espace d'une part, et par niveaux d'organisation d'autre part. A chaque niveau d'organisation le principe de Le Chatelier est roi, vrai principe d'équilibre il dit : « Quand une action extérieure modifie un état d'équilibre mobile, le système réagit spontanément de façon à s'opposer à cette action extérieure. » Ce principe est vrai, des systèmes physiques jusqu'aux inventions et aux sociétés humaines, mais aucun système, aucun niveau d'organisation de la matière vivante n'est isolé du niveau d'organisation sus- et sous-jacent. Ce qui revient à dire que tout système régulé est commandé par un servo-mécanisme et se trouve être lui-même la commande d'un autre système régulé d'un degré d'organisation ou de complexité moindre.

Il s'ensuit que la construction d'H.L.M. est sans doute une façon efficace de réaliser la prophylaxie de l'ulcère de l'estomac, de l'alcoolisme, des psychonévroses par exemple, tout en créant sans doute d'autres ajustements organiques que certains nommeront bientôt déséquilibres physio-biologiques au même titre que les précédents.

En résumé, dans cette rédaction très schématique de certains problèmes que soulève la notion d'équilibre en biologie et qui exigerait de beaucoup plus amples développements, nous aurions pu choisir de décrire les principales régulations physio-biologiques telles qu'on peut les trouver dans tous les livres de physiologie. Nous aurions pu aussi terminer sur une cantate glorieuse chantant l'harmonieuse précision de ces régulations. Ce faisant, nous aurions entretenu cette idée de l'harmonie souveraine de la nature et des bienfaits des équilibres à tous les niveaux, mais ce faisant nous aurions aussi anthropomorphiquement travesti les faits, l'équilibre n'étant réalisable que dans des ensembles clos où tous les éléments sont donnés au départ, toutes les structures connues et sans aucune influence extérieure. La vie n'est même pas un mobile de Calder et c'est pourtant ainsi que l'on voudrait nous la décrire. C'est au contraire un système ouvert en perpétuel remaniement, non pas seulement interne, mais en action réciproque avec le milieu. Si un équilibre existe, ce n'est pas le physiologiste qui peut le dire, car c'est à l'échelon cosmique que l'on peut peut-être le découvrir.

Quant au physiologiste, ce sont les lois du déséquilibre qui gouverne l'évolution complexifiante qu'il doit avant tout rechercher. Que celui qui vomit les tièdes par sa bouche nous préserve de l'équilibre, de la réussite et de la mort. Souvenons-nous d'un petit poème de Prévert, qui dit tout sur l'équilibre :

L'Amiral Larima
Larima quoi
La rime à rien.

BIOLOGIE ET SCIENCES DE L'ACTION

Pour qui nourrit le dessein de structurer les activités humaines en vue d'agir plus efficacement, il me paraît essentiel de bien comprendre qu'aucune de ces activités n'existerait sans l'énergie solaire. C'est l'énergie du photon solaire qui passant à la surface de notre planète et transformée d'abord en énergie chimique, permet la vie sous toutes ses formes, et la vie des hommes, dernière étape connue de l'évolution. Tout acte humain, toute pensée humaine, n'est que le résultat de la transformation de cette énergie photonique solaire vers une forme plus organisée. Cette première notion a des conséquences philosophiques, d'une part, auxquelles nous ne nous attarderons point. Elle a, d'autre part, des conséquences pratiques, à savoir que toutes les activités humaines peuvent et doivent être envisagées sous forme énergétique sous l'aspect d'une transformation d'énergie à partir d'une source lumineuse commune. L'homme et les sociétés humaines sont des transformateurs. Les sociétés les plus évoluées sont celles où l'homme parvient à transformer cette énergie en des formes de plus en plus complexes.

Puisque le rôle de l'homme est de transformer l'énergie lumineuse, qui lui est transmise sous forme chimique grâce à la photosynthèse, en une certaine forme de travail liée à son organisation biologique même, nous pouvons nous poser la question de savoir qu'elle peut être la finalité d'une telle « action ». Une action, pour être efficace, a besoin d'un but. Mais nous ne nous placerons nullement là sur le plan de la finalité métaphysique, mais tout simplement de la cybernétique qui, pour Couffignal, est « l'art de rendre efficace l'action ». Un biologiste peut sans crainte répondre que *le but des formes vivantes est le maintien de leur structure* dans un environnement qui change. Il ne peut donc s'agir d'un maintien statique, et si les grands sauriens du secondaire ont disparu, c'est qu'ils n'ont pas su maintenir, c'est-à-dire adapter, leurs structures aux variations de l'environnement. Le but des actions humaines est la survie de l'individu d'abord, des sociétés ensuite, et finalement la survie de la race humaine dans l'univers. Mais de même que la survie de nos molécules d'acide ribonucléique exige la survie de l'individu qui les supporte, et que la survie de l'individu qui les supporte exige la survie de ses molécules d'acide ribonucléique, la survie de l'individu nécessite son adaptation à tous les éléments, aux sous-ensembles et aux parties (groupes, sociétés, nations) dont la réunion constitue en définitive l'ensemble de notre race, de même que l'adaptation de ceux-là et de celle-ci dans leur environnement planétaire en perpétuelle évolution. Ainsi, toute action humaine isolée de son contexte universel perd de son efficacité.

Le but de nos actions étant en définitive la survie de l'homme sur la terre en passant par celle de l'individu et des groupes humains qui à chaque échelle d'organisation le relient à tous les autres êtres humains, non seulement présents mais encore passés et à venir, l'autre question qui doit être posée pourrait être : *Que voulons-nous que soit l'homme de demain ?* Il ne peut être celui d'hier car l'environnement change indéfiniment et l'homme lui-même avec lui. Il ne peut s'agir de maintenir une structure actuelle, aussi plaisante qu'elle puisse être pour certains, car une structure actuelle est déjà une structure morte et inadaptée au présent puisque celui-ci ne peut être fixé. On peut dire que du fait même qu'une structure, sociale par exemple, a été parfaitement adaptée et efficace à une époque passée même récente, elle est devenue de ce fait inadaptée et inefficace, et cette inadaptation et cette inefficacité ne peuvent aller qu'en s'accusant avec le temps, car pendant ce temps l'environnement immédiat, médiat et cosmique, change perpétuellement. Il ne peut donc s'agir que d'orienter notre action vers une meilleure adaptation de nous-mêmes, des groupes et des sociétés humaines, à un environnement changeant et que nous ne connaissons pas encore.

Certes, on peut adopter l'attitude qui consiste à faire confiance au déterminisme universel et penser que, puisqu'il a été donné à la race humaine d'être et de survivre, il n'y a pas de raisons pour que son évolution soit interrompue. C'est, sous une autre forme, la même soumission que « Dieu y pourvoira ». Mais on peut aussi penser que notre effort lui-même est prédéterminé et fait partie du plan général de l'évolution, qu'elle soit divine ou la conséquence de l'infinité des ajustements réciproques. De toute façon, la conscience de nos actes, la conscience même de leur déterminisme sous- et sus-jacent, ne peuvent être un frein à l'action. Dans l'énorme machinerie cosmique, tout effort humain conscient, même particulaire, est sans doute nécessaire. La passivité étant aussi inefficace que l'effort pour maintenir des structures périmées, seule nous reste l'action prospective.

Ceci étant admis, le *passé* s'avère insuffisant à déterminer notre avenir. L'expérience passée est utile pour nous fournir un stock de schémas relationnels. Ce que l'homme peut atteindre, ce n'est pas la réalité des faits qui, passant par le canal obligatoire de ses sens, lui parviendront forcément anthropomorphiquement déformés, mais une autre réalité, celle des relations, celle donc des structures, ce que la science appelle des lois. Nous ne connaîtrons probablement jamais l'ensemble de relations, mais du moins dans un environnement restreint pouvons-nous déchiffrer les plus indispensables à notre action, non seulement à court terme, mais surtout à long terme. A sa mort, disait Maeterlinck, l'homme trouvera le Dieu qu'il s'était forgé. Ne craignons pas d'imaginer un avenir sans commune mesure avec le passé, ni avec notre présent même. C'est dans le cadre de ces lois que nous pouvons imaginer l'avenir. Qu'est-ce qu'imaginer, si ce n'est établir des relations nouvelles entre les éléments accumulés par notre mémoire, notre expérience passée ? C'est cela la véritable attitude prospective. *Elle consiste à structurer à l'avance le monde de demain et à conformer nos actes à la réalisation de cette structure.* Elle a une base proprement humaine, l'abstraction autorisée par les langages. Ce faisant, nous répondons sans doute à un déterminisme qui nous dépasse. Ce que nous appelons hasard n'est que l'accomplissement de lois qui nous échappent. Mais peu importe. Nous aurons fourni un but à nos actes. Un but qui a quelque chance de se réaliser car il n'aura pas subi l'environnement avec l'hystérésis et le retard d'efficacité inhérent aux déterminismes immédiats. Mais il aura participé au déterminisme de l'évolution de l'environnement lui-même.

Essayons d'exprimer différemment cette idée. Si le but des actes humains est le maintien des structures en vue de notre survie, on peut comparer un organisme où l'homme intervient à un régulateur. L'effecteur est l'individu, le groupe, la société, la nation, etc., ou l'humanité dans son ensemble. Les facteurs de son action sont innombrables, mais cette action (l'effet de cet effecteur) par rétroaction agira sur ces facteurs pour maintenir cette action dans certaines limites. Il s'agit d'une régulation en constance, ce qu'un biologiste appellera un homéostat. Un tel régulateur n'évolue pas, il maintient et il ne peut survivre que si l'environnement reste identique à lui-même. Or, nous devons admettre que cet environnement change à chaque instant et pas de façon aléatoire, mais déterminée par les multiples interactions qui prennent naissance dans le milieu et l'action du régulateur lui-même sur ce milieu. Un tel régulateur ne peut continuer à fonctionner que si, à chaque instant sur la boucle rétroactive, une action extérieure au système vient changer le niveau de la régulation. Il s'agit alors d'un servo-mécanisme. L'effet de l'effecteur devient alors asservi au milieu environnant qu'il contribue lui-même à transformer. Il apparaît alors un élément essentiel, à savoir la transmission de l'information de l'extérieur du système régulé à ce système lui-même. Nous abordons là le problème sémantique. Pour s'adapter à l'environnement, ou plus exactement pour prévoir l'adaptation la plus efficace aux variations à venir de l'environnement, il est nécessaire de connaître le plus intimement possible, d'une part la structure de cet environnement et son dynamisme évolutif, d'autre part la structure de l'effecteur vivant dont l'action devra s'adapter aux conditions changeantes de survie que lui prépare l'environnement. Nous venons ainsi de distinguer les sciences de la matière et celles de la vie qui se rejoignent au niveau de l'atome et de la molécule. Nous avons insisté sur le fait qu'il n'y avait d'objet de connaissance humaine que de structure. Mais pour établir ces structures la science a besoin de rechercher d'abord les faits qu'elles unissent. Non tous les faits, car ceux-ci évidemment sont plus nombreux que les particules qui constituent notre univers et nous ne pouvons penser les observer tous, mais le plus grand nombre de relations possibles et en tirer des lois, sachant que seules ces relations seront utiles pour guider notre comportement. Mais, dans ce travail, l'homme focalise son activité de plus en plus, des groupes d'hommes s'organisent parce qu'ils focalisent sur le même objet. La spécialisation naît. Un langage particulier l'accompagne, se crée, évolue avec elle. Or tout cela, ne l'oublions pas, n'a qu'un but, rendre efficaces les actions humaines. Il paraît certain que cette efficacité sera de plus en plus grande dans un domaine de plus en plus restreint. De nouvelles disciplines vont naître ayant pour objets les faits nouveaux découverts dans l'environnement. De nouveaux langages naîtront avec elles.

Ainsi, la mise en évidence des structures ira du général au particulier, mais beaucoup plus rarement du particulier au général. Or, il est absolument nécessaire de corriger et de contrôler les structures préexistantes à tous les niveaux d'organisation, dès qu'une nouvelle structure se précise à un niveau plus restreint.

Les animaux qui nous entourent ont survécu parce qu'ils ont à un certain degré structuré le monde qui les environne. Mais ils n'ont pas été plus loin, dans cette structuration, car leur connaissance de ce monde ne s'est pas accrue au cours des millénaires. L'homme n'a pas cessé d'accroître ses connaissances de l'environnement sans avoir pour cela tenté de structurer sans cesse l'ensemble de ces connaissances. En d'autres termes, l'évolution technique, la connaissance des faits, ont été plus rapides que l'évolution de la structuration de la pensée humaine et en conséquence plus rapides que l'évolution des structures socio-économiques. L'homme s'est laissé emporter par la découverte des faits sans chercher parallèlement à les organiser, il a oublié la recherche constante des structures sans laquelle l'efficacité planétaire de ses actions devient impossible.

Or, on ne peut dire précisément qu'il oublie de s'occuper des structures. La vérité, c'est que l'évolution des techniques a créé des langues nouvelles, et l'échange des connaissances se fait de plus en plus difficilement. Comment découvrir des relations nouvelles entre les hommes quand ceux-ci s'expriment avec des langages de plus en plus nombreux, différents et spécifiques ? Comment d'autre part demander au spécialiste dont la vie est déjà trop courte pour prendre connaissance des faits et des structures concernant sa discipline, toute restreinte qu'elle soit, de faire en plus l'effort constant d'apprendre le langage des autres spécialistes pour, tous ensemble, créer de nouvelles structures mieux adaptées au monde évolutif qui nous entoure et dont nous commandons en partie l'évolution ?

On voit combien le *problème sémantique* prend d'importance dans l'évolution prévisible du monde de demain. Certaines solutions à une échelle restreinte ont pourtant déjà été trouvées par certains hommes. C'est ainsi qu'un chef d'orchestre n'est pas autre chose, à notre sens, qu'un homme capable de construire des structures interdisciplinaires. On ne lui demande pas de savoir jouer du trombone ou du tuba, mais de lire une vingtaine de langages à la fois sur une partition pour en faire naître un ensemble réunissant synergiquement chaque élément de l'orchestre. Il a pris connaissance des structures, non des techniques. Ce sont les chefs d'orchestre qui manquent aux sociétés modernes parce qu'elles n'ont pas su les enseigner, les susciter, les encourager. D'autant que les chefs d'orchestre dont nous parlons ne sauraient tous être des chefs d'Etat, mais devraient savoir accorder la symphonie qu'ils dirigent à toutes les autres symphonies existant au même moment en évitant la cacophonie. Ils devront donc surtout harmoniser les structures sous-jacentes au niveau d'organisation auquel ils se trouvent placés, aux structures sus-jacentes à un niveau plus élevé d'organisation. En d'autres termes, l'éducation interdisciplinaire de tels hommes exigera d'eux la connaissance la plus complète possible de l'ensemble des relations existant, au moment de l'évolution auquel ils se trouvent placés, entre tous les éléments constituant l'essentiel des connaissances humaines. Une telle éducation n'est ni irréalisable ni inconcevable, pour peu que la méthodologie qui structurera leur pensée soit adéquate au but proposé. Imaginons, au lieu d'une école polytechnique, qu'ils suivent une école polystructure.

Le problème sémantique ne se limite pas d'ailleurs aux

difficultés rencontrées sur le plan horizontal des échanges d'informations interdisciplinaires. Il se rencontre d'une façon beaucoup plus grave encore sur le plan vertical des conflits de générations.

Pour chacun d'entre nous les mots ont un contenu sémantique conditionné par toute notre expérience passée, génétique et individuelle, les milieux sociaux dans lesquels nous avons évolué, nos comportements endocrino-sympathiques, etc. Le contenu sémantique d'un mot est unique pour chaque homme qui l'emploie, car aucun autre homme ne possède la même expérience de ce mot. Le mot est donc un moyen exécrable d'échange d'informations, un pis-aller indispensable à la vie quotidienne d'une société. Le plus grave danger qui résulte de l'emploi du mot vient du fait qu'il n'est qu'un modèle imparfait de l'objet qu'il désigne et que l'homme trop souvent le confond avec l'objet. Les principaux dérèglements de notre machine nerveuse, les luttes fratricides entre les hommes sont en grande partie déchaînés par les mots. La partie la plus ancienne de notre cerveau, celle que nous avons héritée des plus lointaines espèces de la ligne évolutive, avait pour finalité première de permettre la fuite ou la lutte devant les variations dangereuses de l'environnement. Elle a permis d'assurer la survie des premiers hommes dans un environnement hostile, lorsqu'ils avaient à lutter et à se protéger à chaque instant de l'ambiance géoclimatique et des autres espèces animales. Elle est devenue en partie inutile aujourd'hui, car cet environnement a changé et n'a plus le même type d'agressivité. Aujourd'hui, ce paléocéphale réagit aux mots qui ont remplacé, dans notre vie quotidienne, les facteurs agressifs de l'environnement préhistorique ou même historique.

Nous avons dit au début que l'homme était un transformateur d'énergie solaire en une certaine forme de travail liée à son organisation biologique particulière. Cette organisation biologique, station debout, utilisation des mains d'une part, faculté d'abstraction et langage d'autre part, mériterait que nous nous attardions sur les particularités de son encéphale qui l'autorisent. Nous dirons simplement que si le paléocéphale humain lui permet de mémoriser son expérience, son cortex lui permet des associations d'éléments abstraits de la mémoire d'une façon particulièrement riche et a permis le développement des facultés d'imagination, et en conséquence de créativité.

Cette schématisation nous permettra de distinguer, dans le fonctionnement encéphalique, deux processus essentiels : l'un de *mémorisation*, de stockage des informations en provenance de l'environnement ; l'autre, d'*association d'éléments*, abstraits du stock mémorisé. Ce dernier a été rendu possible par le langage et représente le fondement proprement humain de notre psychisme. Mais on conçoit qu'il ne peut travailler que sur le stock mémorisé et travaillera d'autant plus efficacement que ce stock sera plus riche. Son rôle étant de donner naissance à des relations entre éléments, c'est-à-dire à des structures, celles-ci seront évidemment d'autant plus complexes que le stock mémorisé sera plus abondant, plus varié, et embrassera une expérience plus diverse du monde qui nous entoure. D'autre part, comme c'est l'homme lui-même qui crée des catégories dans son environnement, comme des chapitres dans ses livres, alors qu'en réalité tout est en relation avec tout, on conçoit que notre action, but ultime de notre existence, sera d'autant plus efficace que les deux processus définis précédemment fonctionneront en se régulant l'un l'autre.

Nécessité d'un stockage de faits mémorisés le plus complet possible. Nous avons vu qu'il débouche sur la technique quand il ne concerne qu'une discipline particulière des activités humaines. Donc, nécessité d'un stockage multidisciplinaire. Mais ce stockage ne prendra sa vraie valeur, sa réelle efficacité, que si le processus cortical découvre, à mesure de leur mémorisation, des relations entre ces faits de façon à réaliser ce que nous avons défini être une *structure.*

Toute la méthodologie qui doit présider à la formation des hommes de demain nous paraît résider dans les notions précédentes et la conscience que chaque homme pourra acquérir de leur nécessité. On devine la part importante qu'est sans doute appelé à prendre, tant du point de vue philosophique que pratique, l'enseignement de la théorie des ensembles, de la sémantique générale, de la cybernétique, dans un tel programme. Encore faudra-t-il que ces méthodes ne soient pas apprises, comme les règles du jeu d'échecs ou du bridge, mais comme le moyen actuellement le plus efficace d'organiser notre mentalité et notre comportement jusque dans nos actes les plus simples.

Supposons maintenant, dans un rêve utopique, que tous les hommes soient dès aujourd'hui parfaitement conscients de l'impossibilité où ils se trouvent de connaître autre chose que des structures et de la nécessité de faire évoluer sans cesse celles qu'ils ont mises en évidence pour les conformer à l'évolution de l'environnement au sens le plus large, puis de la nécessité fondamentale aussi d'en découvrir de nouvelles. Supposons que chaque homme soit conscient des réactions paléocéphaliques qu'il déchaîne dans son équilibre biologique. Conscient de ce que les relations de cause à effet ne représentent qu'une infime partie des structures, c'est-à-dire de l'ensemble des relations existant entre les éléments des sous-ensembles qu'il appréhende. Nous n'en aurons pas pour autant débouché sur l'âge d'or, car les anciennes structures seront toujours là, présentes. Nous n'aurons acquis que les méthodes générales pour les adapter à l'évolution du monde. Des méthodes capables d'éviter les crises, les révolutions, et dans une certaine mesure la douleur et la mort. Depuis que l'homme s'est groupé en famille, clan, tribu, depuis qu'il s'est fixé au sol avec l'agriculture ou a suivi ses troupeaux dans leurs transhumances, depuis qu'il est devenu artisan, s'est groupé en corporation, depuis la naissance des manufactures, des entreprises, jusqu'à la révolution industrielle du XIXe siècle, puis l'apparition des monopoles et des concentrations toujours croissantes des moyens de production, la finalité des actions humaines est restée ce qu'elle était depuis l'apparition des premières formes vivantes : le maintien d'une structure pour assurer la survie des individus. Mais à mesure que l'homme dominait mieux son contexte géoclimatique, il se heurtait de plus en plus aux groupes humains environnants. La notion de « territoire » est inscrite dans toute l'évolution animale et l'homme n'a pu s'y soustraire. Transformateur d'énergie à son bénéfice, à la recherche de sa survie, celle-ci exigeait l'existence de structures sociales de plus en plus vastes, de plus en plus complexes, et, ne pouvant faire deux choses à la fois, l'*homo faber* a confié le soin de la protection de ces structures à d'autres hommes, guerriers, nobles, plus tard politiciens. Les organismes vivants n'avaient-ils pas, déjà, dans une évolution antérieure, fait appel au système nerveux, incapable de fournir un travail caloriquement comparable au système musculaire, mais capable d'assurer l'harmonisation de l'ensemble du travail organique et cellulaire, capable en résumé d'assurer le maintien des structures organiques et la synergie de leur fonctionnement ?

Or, au stade d'évolution de nos sociétés humaines contemporaines, il apparaît que ce n'est plus contre les autres groupes humains que doit se concentrer la lutte pour la survie. La survie est devenue un problème racial. Il s'agit de celle de la race humaine dans un environnement singulièrement élargi, du fait même du rétrécissement de l'espace-temps sur notre globe. Les moyens de diffusion des informations ont considérablement augmenté d'efficacité, ce qui veut dire que les relations interhumaines sont infiniment plus rapides et plus nombreuses. En d'autres termes, la structure des sociétés humaines s'est étendue à l'ensemble de l'humanité. La finalité des actions de l'individu devient ainsi non plus la survie d'un clan, d'un groupe, d'une bourgade, d'une province, d'un Etat, d'une confédération, mais celle de l'humanité tout entière.

Or, l'*évolution historique* a divisé les structures sociales et économiques de l'humanité présente en systèmes et en sous-ensembles au sein desquels les relations entre les éléments ont pris des formes assez variées. Il existe des peuples hautement technicisés. D'autres qui le sont moins ou pas du tout. Les environnements géoclimatiques ont été pour beaucoup dans le déterminisme d'une telle évolution. Il existe aussi, dans les zones tempérées où l'homme a atteint un haut degré technique, deux systèmes socio-économiques en apparence très différenciés que nous dénommerons, en nous méfiant de la charge sémantique des mots « socialiste » et « capitaliste ». On pourrait écrire et il a été effectivement écrit beaucoup sur ce qui distingue ces deux systèmes. Le déchaînement passionnel que provoque encore dans beaucoup de systèmes nerveux contemporains de telles confrontations nous paraît constituer un exemple typique de l'importance prise par nos réactions paléocéphaliques dans notre comportement, de même que de l'importance dévastatrice des mots qui contiennent toute notre expérience personnelle et commandent à notre conditionnement réflexe.

Or, il nous semble que l'on n'insiste pas assez sur ce qui pour nous paraît caractériser fondamentalement ces deux systèmes, car on les envisage beaucoup plus sous leur aspect politique qu'économique. Sous cet aspect économique même on paraît ne pas situer ces deux systèmes dans un cadre suffisamment vaste pour en saisir leur différence fondamentale, tout au moins conceptuelle. On y mêle des notions de classe, de propriété, de travail, importantes certes, mais qui n'expriment qu'imparfaitement à notre avis la différence de finalité des deux systèmes. Cette différence réside essentiellement dans le fait qu'en régime capitaliste le travail a pour fin l'accroissement du capital.

Pour que celui-ci s'accroisse, il faut que le produit du travail humain soit vendu. Il faut qu'il y ait échanges, et ceux-ci se situent à l'échelon horizontal des rapports interhumains. L'humanité dans son ensemble n'en bénéficie pas directement, et l'on peut même dire qu'il n'est pas simple d'assurer une répartition équitable du résultat de ce travail humain entre ceux qui l'ont produit. Mais surtout, le but étant d'accroître un capital, il faut produire toujours plus de *produits qui se consomment* et l'on en arrive même, parfois, à produire des objets plus fragiles pour qu'ils s'usent plus vite et que l'acheteur soit obligé de les remplacer plus tôt, alors qu'avec la même somme de travail humain on aurait pu produire des objets plus résistants mais plus tardivement remplacés. Il s'agit là d'une véritable spoliation du travail humain, d'un accroissement volontaire de l'entropie.

Or, nous devons là encore nous poser la question de savoir quelle est la finalité de nos actions. Nous avons vu que c'était d'assurer la survie de l'humanité. Il est certain que les biens dits « de consommation » sont des facteurs importants de cette survie. Le mieux-être sous toutes ses formes facilite sans doute la longévité humaine, mais surtout laisse libre l'esprit de l'homme pour des préoccupations plus spirituelles, moins liées aux formes les plus immédiates de sa survie au sein du milieu. Les premiers hommes dont le champ de conscience devait être entièrement rempli par la lutte contre les bêtes sauvages, l'obtention de la nourriture journalière, la protection contre les intempéries, ne devaient pas avoir beaucoup de temps à consacrer à la connaissance scientifique du monde extérieur. Par contre, l'homme moderne technicisé, protégé du chaud et du froid, assuré de sa nourriture, protégé des aléas du monde environnant, voit de plus en plus de temps libre s'offrir à lui. Pour des loisirs ? L'approche de l'automation fait souvent émettre cette opinion, mais l'homme de demain travaillera vraisemblablement de plus en plus, mais pas de la même façon qu'aujourd'hui. Il travaillera de moins en moins de ses mains pour utiliser au maximum l'organe qui a fait sa suprématie, son cerveau. Il devra donc apprendre plus longtemps, enrichir son stock de connaissances du monde, puis imaginer plus abondamment, construire les structures évolutives dans lesquelles l'humanité est appelée à se développer. L'*homo sapiens* prendra progressivement la place de l'*homo faber*, comme le Cro-Magnon a sans doute remplacé le Néanderthalien.

Mais, alors, il n'y a plus là qu'une place sans doute indispensable, mais restreinte, comparée à celle qu'elle occupe de nos jours dans les activités humaines, pour la production de biens de consommation. La recherche pour la recherche, la recherche pour la possession du bien commun à tous les hommes, notre univers, possession qui commence par la connaissance de ses structures, de ses lois, aboutira à une meilleure adaptation de la race humaine à cet univers même, aux limites d'ailleurs considérablement élargies.

Il ne s'agit plus là d'accroissement d'un capital par la production de biens de consommation, objets d'échanges interhumains, incapables de permettre l'évolution de l'humanité. L'énergie qui nous est dispensée par la lumière solaire, à travers la photosynthèse, servira surtout à prendre connaissance et possession de notre univers, permettant à l'humanité de survivre en se transformant. Les sciences de l'atome nous permettent même d'envisager peut-être le moment où la vie humaine ne sera plus aussi intimement dépendante de la seule énergie solaire et de ses transformations incontrôlées à travers d'autres formes vivantes pour assurer sa perpétuation.

On devine l'importante mutation psychique exigée pour en arriver là. Dans un monde guidé par le profit matériel, si peu sensible encore aux attraits de la connaissance, où la conscience réfléchie est encore si mal partagée, où des milliers d'hommes sont encore menacés par la faim, où des idéologies préhistoriques se perpétuent encore, où la notion de structure est encore si mal comprise, où les survivances de notre passé biologique continuent à gouverner le comportement de l'individu et des sociétés, exprimer même l'espoir de cette mutation, c'est paraître vouloir se contenter d'utopie. Mais le monde de demain sera celui de l'utopiste, c'est-à-dire celui d'un homme pour qui le passé n'est point là pour tenter de le perpétuer ou de le reproduire, mais qui avec les pierres accumulées au cours des âges sera capable de construire l'édifice de l'avenir. Celui-ci sera tel que nous l'aurons imaginé. Plus belle sera notre vue prospective, plus efficace sera notre action.

Mais le premier pas vers un tel avenir, ne serait-il pas pour l'homme de se débarrasser des jugements de valeur qui sont son œuvre ? L'univers, la vie, la mort, la douleur, la justice, la liberté, toutes les structures enfin, ne sont ni bonnes ni mauvaises, en dehors de l'homme qui les juge. Elles se contentent d'être.

Le seul jugement de valeur que peuvent en définitive se permettre les sciences de l'action, le seul qu'elles se doivent même de formuler, concerne ce qui est favorable ou néfaste à la survie évolutive de l'humanité tout entière. Le temps des particularismes est révolu. Il n'aurait jamais dû apparaître. Mais l'évolution elle-même n'a pu s'en passer. Ceci nous conduit à affirmer en terminant que notre action sera souvent d'opposition, action qui peut revêtir l'apparence de la défense d'un particularisme étroit. Peu importe si dans une vue dialectique nous pensons qu'une telle action est indispensable à la synthèse et à l'apparition d'une nouvelle structure qui ne sera ni celle à laquelle nous nous opposons, ni celle que nous préconisons, mais une autre dont l'évidence alors se fera jour. La caricature comme l'Inquisition ont peut-être été nécessaires à l'évolution de la conscience humaine.

BIOLOGIE ET SOCIOLOGIE

Dans deux livres déjà anciens, nous avions essayé de poursuivre l'analogie facile entre organismes, c'est-à-dire *sociétés cellulaires et sociétés humaines.* Plus probablement qu'une mutation de notre patrimoine biologique, nous devons attendre de l'évolution la naissance d'un nouvel organisme d'un niveau de complexité supérieur et englobant l'ensemble des hommes. Il est amusant et facile en effet de montrer l'organisation progressive des sociétés humaines suivant un plan déjà suivi par l'évolution biologique des espèces. Analogie qui n'est d'ailleurs pas uniquement spéculative et qui débouche sur une signification biologique de certains grands phénomènes humains tels que la naissance des classes sociales, l'esclavagisme et le colonialisme, les bases économiques de la politique, etc. Analogie biologique qui peut donc déboucher sur un comportement moins affectif que celui qui résulte généralement de l'étude purement idéologique ou technique de ces problèmes.

Nous ne reviendrons pas sur ces idées générales aujourd'hui, d'autant qu'elles sont devenues entre-temps, si elles ne l'étaient pas déjà il y a quelques années, un lieu commun. Par contre, nous insisterons sur certaines notions dont nous n'avons pas connaissance jusqu'ici d'une exploitation réelle dans un but prospectif, bien que la prospective soit à la mode.

Dans les écrits contemporains on peut voir s'épanouir deux tendances. L'une considère que depuis de nombreux millénaires rien n'est changé, que notre civilisation technique contemporaine n'est que le prolongement indispensable des premières sociétés humaines ayant découvert l'agriculture et la métallurgie. « L'industrie moderne n'est que l'héritière de l'artisanat et l'économie mondiale, malgré le formidable développement technique, est encore basée sur l'exploitation de l'animal et du végétal. » (A. Leroi-Gourhan.) C'est une idée semblable que nous avons développée dans un chapitre précédent en insistant sur le fait que la vie, sous quelque forme que ce soit, n'est qu'un transformateur et un utilisateur du rayonnement solaire.

A l'opposé, une autre tendance, impressionnée par l'accélération du développement technique, crie au miracle, à la mutation, à l'arrivée d'une ère nouvelle, en fournissant à cette « impression » non une base logique, mais intuitive.

Il est bien vrai cependant que la totalité de notre développement technique jusqu'à maintenant n'est que l'exploitation de l'*énergie solaire*. Charbon, pétrole, énergie hydraulique, électrique, tirent tous leur origine, plus ou moins directement, de cette énergie. A tel point que peut se poser, pour certains, le problème de l'épuisement de ces sources naturelles d'énergie d'où résulterait en retour, dans un vaste équilibre cybernétique, une diminution progressive de la multiplication des hommes, voire même leur disparition. Il faudrait en fait pour cela que l'énergie solaire cesse ou ne trouve plus moyen de se transformer. Notons au passage que l'homme s'est multiplié parce que la nature autour de lui lui a fourni jusqu'ici un excellent milieu de culture que son évolution technique elle-même a su exploiter de mieux en mieux. Et nous ne sommes pas prêts, semble-t-il, de mourir de faim. Que la technicité soit mal partagée, que l'exploitation des nourritures terrestres soit le fait d'un petit nombre, la misère et la famine le fait de la majorité, n'est qu'une triste réalité, mais pas un phénomène définitif et insurmontable. Le malheur de cet état résulte, à notre sens, du fait que l'homme, depuis le néolithique, n'a pas eu d'autre objectif que de consommer, et le progrès technique n'a pas encore consciemment d'autre but : l'économie se traite toujours en notion d'équilibre entre production et consommation, comme si la production humaine n'avait qu'un but, celui d'être consommée. Il en résulte que les organismes sociaux producteurs de biens consommables consomment de plus en plus et les autres de moins en moins.

Deux notions cependant méritent de nous rendre plus optimistes. L'une m'est apparue en visitant, il y a quelques années, le gouffre de Padirac. Je fus surpris qu'à une profondeur que n'atteint aucun rayonnement solaire, autour de chaque ampoule électrique éclairant le gouffre, une petite zone de cinquante centimètres de diamètre se couvrait de végétation chlorophyllienne. Ce fait est assez banal. Mais si l'on imagine que depuis quelques années nous sommes devenus capables de tirer de l'énergie de l'atome, cela veut dire que la photosynthèse, source énergétique première de la vie terrestre, peut se réaliser maintenant sans l'intervention obligatoire du photon solaire. Nous sommes loin évidemment de faire croître nos forêts, nos pâturages et nos céréales à l'aide de l'énergie atomique. Il n'est pas sûr d'ailleurs que cela soit utile. Mais il est certain que l'homme et la vie depuis quelques années peuvent envisager de n'être plus strictement dépendants du soleil. Si nous voulons bien considérer la vie sous toutes ses formes, jusqu'à celle de nos sociétés industrielles, comme un phénomène énergétique, cela veut dire qu'ayant trouvé une source pratiquement infinie d'énergie, il n'y a aucune raison, en dehors d'un cataclysme planétaire, que la vie cesse sur notre globe et en particulier la vie humaine. La découverte de l'utilisation de l'énergie contenue dans l'atome fait ce que n'avait pu faire aucune découverte antérieure, elle libère l'homme du système énergétique solaire.

La deuxième notion est moins évidente et nous l'avons déjà abordée plus haut. La vraie mutation, le début de l'ère nouvelle que certains nous chantent, apparaîtra le jour où le stade de l'*homo faber* que nous n'avons point encore dépassé, même complété par celui de sa symbiose avec l'*homo mercantilis* qui domine actuellement la planète, fera place au stade de l'*homo sapiens* que nous n'avons point encore atteint. Nous ne l'avons point encore atteint parce que, jusqu'ici, trop occupés à consommer, nous n'avons point encore appris à penser. Sans doute depuis les premiers archanthropes, l'homme en tant qu'homme a-t-il fait semblant de penser. Mais il a surtout pensé pour mieux consommer. Quand on écrit parfois que 95 % des découvreurs de l'humanité sont actuellement vivants, cela veut dire surtout que, malgré les penseurs illustres dont le nom est parvenu jusqu'à nous, ce n'est que depuis quelques années seulement qu'un nombre croissant d'hommes a fait métier de connaître le monde où nous vivons, d'en découvrir les structures. Il y a dans ce seul fait l'aube d'une transformation profonde et peu importe que dans une société qui n'a pas encore muté ce soit l'exploitation consommatrice et commerciale des découvertes qui apparaisse primordiale à l'économiste ou à l'homme de la rue. Le fait essentiel demeure : l'homme, depuis peu, fait de la recherche pour la recherche, pour le seul plaisir de connaître, de se situer dans l'univers, et quand nous disons l'homme, ce ne sont pas seulement quelques individus isolés, mais bien un grand nombre, un nombre sans cesse croissant. Peu importe encore que cette récente importance de la recherche dite fondamentale soit trop souvent motivée par un désir d'amélioration secondaire de la consommation. Cette motivation n'existe que chez les marchands, car l'homme mercantile peuple encore la terre, mais elle n'existe plus déjà chez le chercheur qui n'est tel que pour répondre à sa nécessité biologique. A. Leroi-Gourhan montre fort bien comment l'agriculture, fixant l'homme, lui assurant des stocks de produits alimentaires est à l'origine des « inventions artisanales ». « Les opérations artisanales supposent la libération possible d'un nombre d'heures très important, qu'il s'agisse d'individus producteurs d'aliments, libérés pendant les intervalles des travaux agricoles, ou de véritables spécialistes totalement affranchis des tâches alimentaires. »

La chose neuve de ces dernières années, c'est le remplacement de l'homme, pour les travaux manuels, par la machine. Libérant sa main, elle favorise son cerveau et c'est à notre avis là que réside le dernier chaînon actuel de l'évolution. Ce chaînon exige une refonte douloureuse de tout l'équilibre social, en commençant par la refonte de l'enseignement pour terminer sur celle de la vision du monde et de l'homme par lui-même qui doit se repenser. La discipline de base des économistes devrait être la thermodynamique. Celle de l'*homo sapiens* la logique mathématique, l'étude de la complexité croissante et des structures.

Comment ne pas voir que depuis les époques préhistoriques les plus reculées jusqu'à nos jours, l'activité créatrice de l'homme n'a généralement eu pour conséquence que la survie de l'individu dans son environnement immédiat ? Que ses découvertes lui ont assuré la nourriture et la protection contre les dangers de l'environnement géoclimatique et animal. Que les grandes invasions, comme les grandes expéditions, les conquêtes, les guerres, ont toujours été motivées en réalité, sous des idéologies variables, par le désir de survie du groupe ou de l'ethnie, désir de survie concrétisant simplement la faim ou l'anxiété première du phylum. A mesure que les sociétés s'organisaient au cours des âges, se complexifiaient de la préhistoire à l'Histoire, l'environnement géoclimatique devenait de moins en moins le sujet d'anxiété, l'environnement humain le remplaçant. Si l'homme des premiers âges a dû combattre sur plusieurs fronts, celui des intempéries, des bêtes sauvages et de sa nourriture, ensuite dès qu'il fut fixé à un territoire et qu'il put stocker ses recherches alimentaires, ce fut contre les autres hommes essentiellement qu'il eut à combattre pour assurer sa survie individuelle et ethnique. A l'époque actuelle, une meilleure répartition des richesses alimentaires ne doit avoir pour base, ni la charité des mieux nantis envers les moins privilégiés, ni l'aumône des mieux nantis en échange de l'exploitation des richesses naturelles inutilisées des moins techniquement évolués, mais bien l'enseignement technique des retardataires pour leur apprendre à exploiter eux-mêmes leurs richesses naturelles. La lutte des classes est passée de l'échelon national à l'échelon international. Comment ne pas admettre alors que, lorsque cette dernière étape sera franchie, l'unité technique de la race humaine étant réalisée, la survie alimentaire n'étant plus un problème angoissant, le problème à résoudre sera celui de la race humaine dans son ensemble au sein du cosmos ?

Avenir encore lointain, dira-t-on ? L'accélération de l'évolution fait penser le contraire. Mais cette étape sera sans doute dangereuse à franchir. Quand il y a quelques siècles quelques hobereaux moyenâgeux se faisaient la guerre, l'équilibre et la survie de la race humaine n'étaient point en jeu comme aujourd'hui que s'affrontent, avec une motivation qui pourtant n'a pas changé, deux grands ensembles d'intérêts opposés. Il ne s'agit absolument pas, comme on voudrait nous le faire croire souvent, d'idéologie : l'homme moderne est encore un tube digestif avant d'être un cerveau. Un des ensembles humains ayant accumulé des richesses consommables et considérant que le système socio-économique qui lui a permis de les accumuler doit être protégé s'il veut les conserver, s'inquiète et combat l'autre ensemble qui, dépourvu de ces mêmes richesses, ne veut pas disparaître pour autant, ayant choisi un autre système socio-économique pour parvenir à un équilibre avec l'environnement. On peut affirmer tout de suite que l'un et l'autre sont encore imparfaitement structurés, car admettre que l'un ou l'autre détient la structure socio-économique qui assurera l'équilibre harmonieux et capable d'évolution de l'ensemble de la race humaine sur notre globe, serait nier l'évolution. Notre conditionnement chrétien nous fait évidemment considérer avec plus de sympathie le deuxième ensemble, l'ensemble des hommes qui ont faim, que celui des pharisiens nantis. Une autre raison nous pousse aussi à regarder avec plus de sympathie les pauvres, c'est qu'ils ne luttent pas pour conserver une structure existant déjà, donc périmée, mais pour en construire une autre en évolution. Il y a, *a priori*, plus à attendre d'une recherche de structures socio-économiques nouvelles que de la défense et du maintien d'une structure ancienne. Et ce n'est pas parce que celle-ci a réussi à quelques-uns, à une certaine époque, qu'elle peut réussir à l'ensemble des hommes présents et surtout à venir.

Non, on peut affirmer que le progrès ne viendra ni du premier, ni du second ensemble humain, mais d'une planétisation de l'ensemble des hommes dans une structure socio-économique qui reste à découvrir et qui sera valable pour cet ensemble plus grand et non pas seulement pour un des sous-ensembles. Et pour qu'il y ait évolution, cet ensemble devra prendre conscience du fait que, si la consommation a pu constituer jusqu'ici le phénomène caractéristique de l'*homo faber*, la survie alimentaire de l'homme de demain étant assurée de façon stable par une thermodynamique économique fortement aidée par les machines, il restera alors la plus belle étape de l'évolution à parcourir, celle où l'homme n'agira plus pour consommer mais pour connaître.

On ne lui présentera plus alors, avec des frémissements d'affectivité paléocéphaliques dans la voix, ces cultures à conserver, ces valeurs à protéger pour le pousser à l'assassinat délibéré d'autres hommes n'ayant comme tort que celui d'être nés dans d'autres cultures, ni meilleures ni plus mauvaises, avec d'autres jugements de valeur, ni meilleurs ni plus mauvais, mais simplement différents.

Il ira alors au musée de ces cultures disparues, il se recueillera devant la lente ascension des hommes dans la douleur, le meurtre et le sang, il comprendra et plaindra ces êtres qui l'ont précédé et qui furent encore insuffisamment structurés ; il sentira en lui, toujours vivantes mais pacifiées par la conscience, ces pulsions primitives, comme nous n'ignorons point, lucides, en nous, celles qui nous viennent des premiers âges, puis il se retournera confiant et vibrant d'espoir vers un avenir et non vers un passé, vers quelque chose à construire et non à conserver, vers ce qui se comprend et non ce qui s'impose, vers quelque chose qui se pense et non qui se digère.

Il est peut-être encore nécessaire d'animer l'homme d'aujourd'hui, de le faire agir, au nom d'une lutte de classes, comme si la domination de l'une devait disparaître pour que l'autre règne, mais il ne s'agit pas plus en réalité de faire triompher la classe ouvrière que de sauver une bourgeoisie décadente, mais de faire naître l'*homo sapiens*, qui ne sera plus ouvrier ni paysan parce que le travail de ses mains sera fait par des machines. Sinon il vaudrait mieux détruire les machines et retourner à l'âge de pierre pour retrouver une humanité sans classes et totalement ouvrière. Ce que la classe actuellement ouvrière doit désirer, ce n'est point prendre à une autre des biens de consommation qui plongeraient l'ensemble des classes dans une médiocrité digestive sans issue, mais lui ravir la possibilité d'acquérir une culture relativiste qu'elle n'a pas su acquérir elle-même alors qu'elle en avait les moyens. Ce n'est certes pas la bourgeoisie qui peut la promouvoir. En effet, elle-même ne la connaît pas et la culture qu'elle propose au plus grand nombre consiste soit dans une instruction technique qui lui est utile au stade industriel où elle est parvenue, soit dans les amuse-gueule sans danger, les délassements artistico-littéraires qui remplacent avantageusement les parties de lotos dans les soirées de famille. Mais l'humanisme nouveau, l'humanisme scientifique, l'esthétique des structures d'ensemble des connaissances humaines d'aujourd'hui, orienteraient le monde vers des horizons où la bourgeoisie digestive actuelle n'aurait pas de place. Elle ne peut donc que fermer les yeux pour ne pas les voir, ou si elle ose les ouvrir et les regarder en face, elle abandonne alors la forteresse moyenâgeuse où elle livre son dernier combat.

D'ailleurs, il paraît difficile de faire évoluer l'homme et les sociétés humaines plus vite que l'environnement matériel qui les entoure et qu'ils contribuent à transformer. La machine prend une importance grandissante dans la production des biens de consommation, à tel point que l'on peut se poser la question de savoir si on aura toujours besoin de l'ouvrier et du paysan. Il est évident que si les machines, dans ce cas, restaient la propriété de quelques-uns, la majorité des autres serait non seulement sans travail mais sans possibilité de consommer. Par quelque moyen qu'on y parvienne, les machines devraient donc devenir la propriété non des travailleurs, puisque ceux-ci auront disparu dans la forme où nous les connaissons aujourd'hui, mais de l'ensemble des hommes. Le monde n'aura plus qu'à aller dormir et digérer.

En réalité, ce que l'on fait espérer aujourd'hui au prolétariat, ce n'est pas de ne plus travailler (il y est tellement habitué qu'il n'y croirait pas), mais c'est de travailler pour lui et non pour améliorer le bien-être de quelques-uns. Or, ceci nous paraît valable pour le présent et non pour l'avenir. Ce qu'il faut obtenir du prolétariat, c'est qu'il se prépare à ne plus travailler comme il travaille aujourd'hui. Sa seule exigence ou du moins la première, la plus pressante, est d'accéder largement à la culture et à la science, et cela demande beaucoup de travail. De ne pas défendre sa condition mais de l'abandonner et de croire que ces bourgeois qu'il méprise et qu'il envie sont aussi à plaindre que lui et aussi loin de l'*homo sapiens* qu'il peut en être. Sur le plan des jugements de valeur, celui des comparaisons dans des ensembles trop étroits, celui des structures imparfaites, la classe prolétarienne et la classe bourgeoise sont toutes deux vouées à l'extinction. Et leurs enfants, du moins espérons-le, ne seront ni des prolétaires devenus bourgeois, ni des bourgeois devenus prolétaires, ni même des prolétaires libérés de la contrainte que font peser sur eux le capital, les monopoles et les banques, pour utiliser la terminologie consacrée, mais quelque chose d'autre, un homme nouveau que nous ne pouvons encore imaginer précisément.

Et cet homme nouveau, aussi utopique qu'il puisse paraître aujourd'hui, nous n'aurons qu'une participation indirecte à sa genèse, car c'est le milieu transformé par les machines qui l'aura fait naître. Nul besoin, je pense, de précipiter une révolution culturelle qui toucherait des hommes insuffisamment préparés du fait de l'inadaptation du milieu. Il est plus important de précipiter l'évolution technique, mais il est grave de voir dans cette évolution technique un but de satisfaction digestive généralisée. Il ne s'agit pas plus de prêcher l'ascétisme à des ventres affamés, que d'assouvir la faim de ventres affamés sans leur dire qu'ils ont aussi des oreilles.

La grande difficulté réelle de cette période de passage consiste à faire comprendre à l'homme, que la lutte de classes n'est pas un but en soi, que l'évolution technique est un moyen et non une fin et que l'homme nouveau ne sera pas le produit d'une classe ou d'une autre, mais de l'ascension inéluctable de l'humanité à un nouveau palier d'organisation.

La difficulté de cette période de passage est de faire comprendre à ceux qui souffrent que le bien-être n'est qu'une étape vers la connaissance, alors que ceux qui le possèdent le considèrent comme le couronnement de leur civilisation. De faire comprendre enfin à tous, aux affamés comme aux repus, que la connaissance n'est ni une chasse gardée, ni quelque chose qui se transmet automatiquement depuis l'Antiquité gréco-latine, mais quelque chose qui se construit chaque jour, non avec la main mais avec le cerveau de cette espèce exceptionnelle : l'espèce humaine.

A PROPOS DE L'ENSEIGNEMENT

Qui veut un instant ouvrir les yeux, voit des peuples, dont certains hautement industrialisés comme l'on dit, groupant des hommes vivant dans un univers qu'ils ignorent. Leur connaissance de l'environnement n'est pas plus grande que celle de l'homme primitif. La seule différence est la connaissance chez l'homme moderne des applications de la science dans le domaine de la vie journalière. Mais imaginons qu'un Troyen ait à sa disposition l'automobile, l'avion, la T.S.F., la télévision, il en userait de la même manière que l'homme moderne après avoir passé son permis de conduire. Quand les connaissances de ce dernier sont développées, elles le sont généralement dans un domaine restreint et en font un bon spécialiste. Elles n'ont aucun rapport avec la connaissance des structures.

Les bons esprits accusent de ce défaut regrettable un enseignement de plus en plus scientifique et de moins en moins « humaniste ». Il est évidemment sous-entendu que les « humanités », la culture essentiellement littéraire est la seule capable de former un « bon » cerveau humain et que nos pères pensaient mieux que nous parce qu'ils faisaient moins de mathématiques, de physique et de chimie. D'où retour conseillé à l'étude du grec, du latin, du français, de l'histoire (qui n'est qu'un perpétuel recommencement, paraît-il), seules disciplines capables de faire des cerveaux bien faits et non simplement bien remplis. Ayant eu le privilège d'appartenir à une génération ayant été formée à ces disciplines jusque-là exclusives, je n'ai pas l'impression que, de la façon dont elles m'ont été enseignées, elles m'aient en quoi que ce soit formé l'esprit. Peut-être est-ce ingratitude, mais je n'ai pas de souvenir plus ennuyeux que mes études secondaires et par contre je sais le travail considérable qu'a exigé de moi par la suite l'apprentissage de disciplines scientifiques dont la connaissance m'est apparue indispensable alors qu'elles ne m'avaient pas été enseignées. Mais je dois ajouter que ceux de mes condisciples ayant reçu, au cours de leurs études secondaires, une éducation scientifique (il y en a) ne m'ont pas paru, dans l'évolution de leur existence, être par ailleurs spécialement favorisés. Ne serait-ce pas alors que ce n'est pas tellement le contenu de ces études qui manquait d'efficacité que la façon dont le contenu était déversé dans nos jeunes cerveaux ?

Ce n'est pas en récitant les *Bucoliques* ou *La Jeune Tarentine*, en récitant le théorème de Pythagore, en énonçant les principaux sommets du système hercynien, que l'on crée des humanistes. Admettons qu'on leur apprenne à écrire et à parler, mais certainement pas à penser, et la classe de philosophie ne change rien à l'affaire. L'enseignement de la philosophie, si l'on veut entendre par là celui des structures, devrait commencer à la maternelle et ne plus cesser jusqu'aux classes terminales. La classe de philosophie est souvent elle-même et surtout une classe d'histoire des philosophes et des philosophies, nullement structurée dans l'espace-temps.

La culture n'est même pas ce qu'elle devrait être, suivant la phrase célèbre d'E. Herriot, ce qui reste quand on a tout oublié, car malheureusement ce qui reste est à l'opposé de toute culture réelle, à savoir des jugements de valeur, figés dans les mots et des concepts morts, alors qu'il devrait rester les structures après oubli des éléments.

Notre humanisme est un humanisme de bla-bla-bla qui n'a pas à sourire de celui des mandarins chinois. A nous la révolution culturelle ! (sans rire !), car dans bla-bla-bla chacun met le contenu sémantique de son choix et rien n'empêche alors de discourir à l'infini. Cela débouche d'ailleurs souvent, pour les mieux doués dans ce sport, par une brillante carrière parlementaire, après passage à Normale lettres ou à la Faculté de droit.

Ce qui manque, semble-t-il, à notre enseignement primaire et secondaire, ce n'est certes pas le contenu mais la structure. Il ne s'agit pas d'apprendre le plus de choses possible si l'on ne sait pas comment elles sont reliées entre elles, dans l'espace et le temps, de la géographie à l'histoire, des mathématiques à Victor Hugo. Chaque chose apprise n'a aucun intérêt si elle ne s'inscrit pas dans un cadre plus vaste, par niveaux d'organisations et régulations intermédiaires, aussi bien dans le sens horizontal du présent, que vertical du passé et de l'avenir. Chaque heure passée, pour un enfant ou un adolescent assis sur un banc d'école, devrait commencer par définir la structure de ce qui va être dit et se terminer par la mise en place de ce qui a été dit dans les structures d'ensemble. Cet effort fournirait aux jeunes générations le sentiment indispensable de la relativité de toutes choses et les mathématiques, si décevantes pour beaucoup, deviendraient ainsi naturellement le langage précis permettant de décrire les relations.

Ceci n'est évidemment possible que dans un enseignement intégré, et celui-ci n'est lui-même possible qu'avec des enseignants qui s'y prêtent et qui en soient capables : qui s'y prêtent en harmonisant entre eux chaque année leur présentation du programme par des rencontres préalables fréquentes. Qui en soient capables, c'est-à-dire qui possèdent déjà une culture intégrée et non focalisée dans la spécialité qu'ils ont choisie. Autant dire que cet avenir, n'est pas pour demain. Il y a peut-être encore une autre façon d'y parvenir, ce serait de confier cette structuration de l'enseignement à des hommes à l'esprit synthétique et formés spécialement pour cela. Des hommes dont la seule préoccupation serait cette recherche constante des structures dans l'enseignement dispersé de leurs collègues et à qui l'on confierait chaque semaine deux ou trois heures d'enseignement structurant. Rien n'étant isolé dans le temps et l'espace, il est absolument nécessaire d'établir, pour l'enfant et l'adolescent, comme plus tard pour l'homme adulte qui n'en a pas le temps, les structures qui lui manquent.

Ce que je viens de dire a sans doute été compris par certains maîtres qui ont, dans certains pays ou dans certaines écoles, inscrit l'enseignement de la théorie des ensembles au départ de toutes connaissances générales. Il est certain qu'il n'y a pas mieux pour structurer l'esprit et le comportement d'un enfant. Encore faut-il que cet enseignement ne se limite pas à l'apprentissage d'un règlement de jeu appris une fois pour toutes et qui ne sera retrouvé que plus tard, dans les classes terminales, comme élément séparé des mathématiques. La théorie des ensembles et surtout sa signification générale, son utilité dans la solution de tous les problèmes humains, comme instrument de mise en ordre du monde qui nous environne, devrait être le canevas spirituel de tout enseignant et le canevas pratique de tout enseignement : canevas de structuration interne à l'intérieur d'une discipline, canevas de structuration externe de cette discipline avec toutes les autres disciplines enseignées. A ce titre elle devrait illustrer la vie intellectuelle de l'homme, de son enfance à sa mort, seule façon pour lui de rendre efficace son action. On pourrait en dire autant de la cybernétique. Enfin n'est-il pas curieux de constater que la vie sans laquelle il n'y aurait ni professeur, ni élèves, ni cerveau, ni paroles, ce que beaucoup regretteraient sans doute, ni mathématiques, ni histoire, ni connaissance du plissement hercynien, ne soit pas enseignée dans nos écoles ? Certains se récrieront, en disant que cette affirmation est fausse. Les sciences dites naturelles sont enseignées. Personnellement, lycéen, elles m'ont si peu frappé, alors qu'elles ont rempli ma vie d'homme, que je ne pense pas que l'on m'en ait enseigné les rudiments. Mais, bien que naturelles, c'étaient des sciences, peu propices à former un bon humaniste. Or, j'ai eu par la suite des enfants dont certains sont encore en cours d'études, et j'ai eu beau fouiller leurs programmes, je n'ai trouvé de l'évolution par exemple, qu'une longue description des variations du pied du cheval à travers les âges préhistoriques jusqu'à nos jours. De quoi dégoûter un prix d'excellence ! Et si l'un de mes enfants a commencé sa médecine, j'ose espérer que ce que j'ai pu, de-ci de-là, lui dire de la vie, a simplement compensé l'affreux ennui du cryptogamme vasculaire. Comment des choses aussi belles peuvent-elles être ainsi déformées ? Il ne s'agit certes pas de fournir un cadre sans y rien mettre mais, à tout prendre, un beau cadre est encore préférable sans rien dedans, en sa rigoureuse géométrie, à certains tableaux sans cadre et dont le regard se détourne parce qu'ils ne possèdent aucune structure interne. Avec un peu d'imagination on peut remplir un cadre vide. Toute l'imagination du monde n'organisera pas l'inorganisé. Ce qu'il faut, c'est une belle œuvre, dans un beau cadre. Mais une belle œuvre, et la vie en est une, possède une dynamique interne, une cohérence, une organisation, elle n'est pas l'énoncé successif de faits ennuyeux, ennuyeux parce qu'ils sont isolés des ensembles. La vie est belle parce qu'elle est structurée. Pourquoi tout faire pour la déstructurer et l'enlaidir ? De la physique moléculaire à la philosophie et aux sciences du comportement, en passant par la chimie, la physique, la biologie, l'histoire et son cadre géoclimatique, la géographie, tout se tient sans faille, dans de perpétuels ajustements réciproques à travers les temps, alors que les langages, du grec aux mathématiques en passant par la cybernétique, sont là pour nous aider à définir les structures.

L'effort de mémoire deviendrait aussi beaucoup moins pénible si les faits enseignés s'enchaînaient logiquement les uns aux autres dans une même discipline et entre disciplines différentes, aboutissant à fournir à l'adolescent, en fin d'études, un aspect harmonieux et logique du monde où il va vivre. L'enseignement primaire aboutit souvent à une structure logique et fortement charpentée, mais sans discussion possible, sans notion du relatif, sans élément d'incertitude, sans possibilité spontanée de structuration progressive. Il est probable même que l'avantage que nos « humanistes » découvrent à l'enseignement secondaire est d'introduire dans la pensée de l'adolescent une telle pagaïe, par le nombre et le désordre des éléments fournis, qu'il en résulte apparemment un certain scepticisme et un certain relativisme obligatoire. Mais, en fait, le scepticisme n'est pas souhaitable pour l'efficacité humaine, et ce n'est pas sur le relativisme scientifique que débouche l'enseignement secondaire, mais au contraire sur des certitudes sémantiques établies au hasard des déterminismes innombrables de l'enfant et de l'adolescent. Si l'on ajoute à cela la sédimentation de classes sociales établie sur de tels critères, on imagine ce qui peut en résulter pour nos sociétés modernes. Un enseignement primaire ne permettant pas de remettre en question les structures imposées, enseignement d'utilité sociale immédiate où l'individu entre peu en ligne de compte, un enseignement secondaire auquel préside une absence de structures et la domination du mot, sans qu'on en montre jamais le danger, la nature, la signification ni le rôle : voilà le bagage structural avec lequel l'adolescent s'introduit maladroitement dans la vie.

Voici l'adolescent parvenu à l'étape de l'engagement social. C'est bien aussi cela l'entrée à l'Université. C'est le moment où l'homme social doit choisir le métier dans lequel il fournira à la société sa redevance, dont il attend en retour l'autorisation de vivre. Deux notions doivent être mises en évidence. La première est que ce moment recule de plus en plus, comme si les connaissances nécessaires pour débuter dans la vie sociale étaient de plus en plus longues à acquérir. La scolarité obligatoire, en quarante ans, s'est allongée de plusieurs années. En fait, le facteur essentiel de cette prolongation est notre société technique, parce que d'une part cette société a besoin de plus en plus de techniciens pour construire et faire fonctionner les machines, et que d'autre part les machines, de plus en plus, prennent la place des manœuvres. *A priori*, cette évolution devrait être favorable à l'évolution humaine, comme nous avons eu précédemment l'occasion de le dire. Ce serait vrai si la technicité était apprise au sein d'une culture et non point isolée du reste du monde. L'importance de la forme et de l'orientation de la scolarité première est ici essentielle. Une technique n'est pas obligatoirement et uniquement focalisante. Un technicien n'est pas forcément un homme dédoublé, techniquement utile à la société d'une part, culturellement inapte à s'intégrer dans la vie universelle d'autre part. Cela n'est vrai que si sa technique ne lui est apprise qu'isolée de ces structures universelles. A l'opposé, il ne s'agit pas de faire du technicien un polytechnicien, ce qui ne le grandira pas, mais un homme qui sait comment sa technique s'encastre dans l'ensemble des structures socio-économiques du monde présent. Il s'agit, en d'autres termes, d'avoir pour cet homme autant de respect que l'on en a pour un cheval de selle, que l'on a délivré du port aveuglant des œillères. Il s'agit de lui montrer comment le monde s'organise en lui et autour de lui dans ses grandes structures générales. Si en plus de cela on lui signalait le vide de certains mots, il pourrait presque alors voter efficacement s'il trouvait quelqu'un pour qui le faire.

La deuxième notion est celle de la poursuite de l'enseignement. On en parle beaucoup actuellement sous un terme nouveau, le recyclage. On le conçoit semble-t-il trop souvent comme la seule mise à jour des connaissances techniques rendue nécessaire par l'évolution accélérée de ces dernières.

Or, à mon avis, il ne s'agit pas que de cela. Prenons l'exemple d'un individu qui après ses études secondaires accède à l'Université, c'est-à-dire à l'enseignement dit supérieur (supérieur à quoi ? on pourrait aussi bien dire postérieur mais ce serait moins distingué). Alors que l'enseignement dit secondaire avait en principe comme devoir de « généraliser », l'enseignement supérieur a comme devoir de « focaliser ». En passant, notons combien l'enseignement secondaire a failli à son devoir, puisqu'il n'a pas « généralisé », ce qui aurait nécessité l'apprentissage des structures reliant les faits enseignés, mais il a été en principe (pour la biologie exceptée) général. A partir de ce moment l'étudiant ne généralisera plus jamais. C'est la nécessité, paraît-il, de notre civilisation technique. S'il s'oriente dans une discipline biologique par exemple, après son C.P.E.M. « généralisant » la biologie, il s'engagera peut-être vers la médecine, à la fin de laquelle il choisira le plus souvent une spécialité qu'il exercera toute sa vie durant. Pour elle aussi on peut penser au recyclage. Il se souviendra alors avec des frémissements dans la voix de ses humanités qui lui permettront, à l'âge de la retraite, de retrouver un violon d'Ingres cultivé le dimanche et pendant les vacances annuelles ou d'exprimer dans un français acceptable ses Mémoires, à moins que ce ne soient quelques idées qu'il pense être le premier à proférer, sur la grandeur et les servitudes de sa profession... au soir de sa vie. Sa notice nécrologique fera toujours mention du fait qu'il était un véritable humaniste, et les analyses de son livre diront que tout homme cultivé se doit de l'avoir dans sa bibliothèque, qu'il vient à son heure, comble un vide et répond à une nécessité. Et l'on passera au suivant, qui sera lui-même, non recyclé, mais cyclé et entrera dans cette ronde infernale pour n'en sortir qu'inconscient, couvert d'honneurs à l'échelon du canton, du département, voire de la province ou des académies nationales, qu'avec la mort, ayant fait humblement sa longue et lourde tâche. Telle est l'histoire d'un bourgeois français, homme de talent professionnel et homme de culture dite générale. Le cerveau de l'honnête homme du XXᵉ siècle est une réserve inépuisable de jugements de valeur non hiérarchisés.

Certes, il n'est pas question actuellement de le voir disparaître. Il est trop utile dans sa technicité. De tels hommes sont même insuffisamment nombreux, la société actuelle en manque. Cependant, nous ne travaillons pas pour aujourd'hui mais pour demain. Il faut offrir maintenant aux hommes d'autres perspectives à leur enthousiasme, quand il n'est pas encore éteint. La civilisation des machines (nous préférons ce terme à celui de civilisation des loisirs et nous avons dit pourquoi) laissera un plus grand nombre d'hommes libres de poursuivre l'enrichissement de leur culture. Encore faut-il leur fournir une motivation. Celle d'une « promotion sociale » n'est valable que pour une société de classes qui n'est peut-être pas éternelle. Il est à craindre que lorsque la majorité des hommes pourra bénéficier d'un approvisionnement standard et suffisant en produits de consommation, elle soit assez peu tentée par l'effort supplémentaire qui ne lui fournirait pas un avantage « consommable » en fonction de son effort. Ennuyé même de se distraire, aucun problème essentiel à sa destinée individuelle ne se posant plus pour lui, et nullement intéressé par celle de la race humaine dont il ne sait rien, l'homme évoluerait vers le suicide ou la toxicomanie.

Or, la motivation ne peut venir que du fait que la vision du monde qu'on lui fournira et dans laquelle il pourra se situer, aura un sens pour lui. Déçu par des jugements de valeur qui n'en ont plus, et avant que la logique mathématique ait fourni à tous un langage structuré facilement accessible, il est possible de donner aux actions humaines un cadre harmonieux en montrant que chacune d'elles n'est qu'un élément d'un ensemble appartenant à des ensembles plus grands et plus complexes dont on peut préciser les structures générales. Structures jamais fixées, en perpétuel devenir à mesure que notre connaissance du monde s'accroît. Il ne s'agira plus d'une motivation purement affective dont les jugements de valeur sur lesquels elle repose risqueraient d'être de plus en plus vite dépassés, mais d'une motivation intellectuelle d'abord et ne devenant affective que par le sentiment de bien-être et de plénitude qui résulte de l'accord de nos structures internes, même humainement limitées, avec celles de l'univers dans ses formes les plus diverses.

Revenons donc à ce que l'on pourrait appeler l'enseignement postuniversitaire du spécialiste de discipline quelconque. Je dirai que l'accroissement de sa culture doit être un accroissement en fuseaux. L'Université l'a spécialisé. Ou la société alors s'en empare et l'utilise tel quel, ou bien elle lui accorde de continuer à accroître sa culture au cours d'un troisième cycle. C'est en général parce que certains sujets particulièrement doués pour l'abstraction risquent de lui être plus utiles encore en aboutissant à cette surspécialisation. Ne serait-il pas plus utile pour l'individu et pour la société que, lorsqu'un sujet en est arrivé là, il passe deux ou trois ans à revenir à une généralisation scientifique, dont l'enseignement resterait à préciser. N'est-il pas indispensable à celui qui va bientôt focaliser son attention sur un domaine plus étroit de lui faire prendre d'abord de l'altitude, de la distance, une vue d'ensemble des problèmes et des éléments qu'il a déjà accumulés ? Ce n'est qu'après qu'il pourrait efficacement restreindre son champ d'activité mais il aurait alors situé cette activité à sa place dans l'ensemble des activités humaines. Le recyclage ne viendrait qu'après et devrait avoir deux orientations, l'une vers la généralisation, l'autre vers la spécialisation. Recycler un spécialiste uniquement dans sa spécialité en pensant que cela doit suffire pour résoudre tous les problèmes de son comportement, c'est vouloir en faire un rouage efficace d'une civilisation technique, mais c'est aussi vouloir le priver d'une participation à l'évolution civilisatrice. Malheureusement, un problème aussi difficile à résoudre qu'au niveau de l'enseignement préparatoire apparaît au niveau du supérieur. Si les enseignants de faits spécialisés sont d'autant plus nombreux que dans notre société d'origine gréco-latine, les honneurs ne vont pas aux créateurs originaux mais aux répétiteurs bien conditionnés qui sous le vocable de professeurs jouissent de la considération de leurs contemporains, par contre des enseignants généralistes sont plus difficiles à trouver. La société future ne pourra pas se permettre de laisser leur apparition au gré imprévisible du hasard, c'est-à-dire d'un déterminisme incontrôlé. A tous les niveaux de l'enseignement, de tels hommes sont indispensables et la société devra vouloir et préparer leur promotion, leur formation et leur rôle. Nous avons déjà comparé ce genre d'hommes au chef d'orchestre. Ils seront aussi utiles à l'enseignement qu'à la recherche où nous allons d'ailleurs les retrouver.

S'il en est des autres activités scientifiques comme des sciences médicales et biologiques, dont je commence à posséder une assez longue pratique, je puis affirmer que bien souvent le principal obstacle au progrès technique c'est l'absence de culture générale du spécialiste. Il est, en effet, difficile de le rendre sensible à des arguments expérimentaux faisant appel à une discipline pourtant connexe mais qu'il ignore. Tout ce qu'il ne connaît pas devient pour lui « théorique », ce qu'il connaît étant les seules données proches du réel, ne se payant pas de mots,

« basées sur des faits solides ». Or, le progrès résulte le plus souvent d'une rencontre disciplinaire de « frange », de l'intersection de deux disciplines, de la création d'un nouvel ensemble à partir de deux ensembles scientifiques déjà existants. Comment faire participer le spécialiste à ce progrès s'il est incapable de sortir de sa spécialité ?

Il ne doit pas être impossible d'apprendre aux hommes, même aux spécialistes, à situer leurs connaissances spécialisées dans un ensemble plus grand, faisant lui-même partie d'autres ensembles, jusqu'à les faire déboucher sur une philosophie, une sociologie et une esthétique. Il ne doit pas être impossible d'accroître ensuite leurs connaissances générales en organisant constamment ce qu'ils apprennent tant sur un plan spécial que général à partir du moment où ils posséderont un moyen d'ordonner les relations autrement que par des jugements de valeur.

Quant aux enseignants, je suis persuadé qu'il en existe déjà prêts effectivement et scientifiquement à former de façon relativiste les générations futures. Mais il faudrait les découvrir et leur laisser la parole, alors qu'ils n'ont sans doute pas encore l'âge, dans notre société gérontologique, de faire connaître leur opinion et surtout de l'imposer.

Ainsi, l'*humanisme* n'est pas une connaissance gratuite sans débouché sur la technique utilitaire (rien de ce qui est humain n'est gratuit), il n'est pas individualiste et sans intérêt pour la société, il n'isole pas l'individu du collectif, ce qui irait à l'encontre de sa définition, mais il s'ouvre au contraire sur une efficacité croissante. La confusion est venue sans doute de l'évolution accélérée du monde moderne où, pour être utile à ses contemporains, pour être accepté par eux, le travail de l'homme doit avoir un caractère technique, nécessitant la connaissance des sciences de la matière. Ces connaissances seront même d'autant plus efficaces que plus spécialisées, plus isolées de l'ensemble des connaissances, du moins en apparence. Le monde moderne est celui du spécialiste, dira-t-on, et non de l'humaniste. Comme si l'un était le contraire de l'autre. Et curieusement, dans cette société entièrement dirigée par le goût de l'argent et des biens matériels (qu'elle doit d'ailleurs à la technique), une bourgeoisie qui limite l'humain à elle-même ou n'en sort que pour afficher un paternalisme, un racisme ou un isolationnisme déconcertant, nous chante les louanges de l'humanisme d'antan. Or, n'ayant pas dépassé le cadre de ses propres structures le plus souvent, comment peut-elle savoir ce que sont les ensembles des structures humaines en perpétuel devenir et chercher à les organiser dans l'espace et le temps ? L'humanisme qu'on nous prône est celui d'une époque révolue, qui n'a pas su englober les techniques. A l'inverse, ceux qui prônent une éducation essentiellement pratique sont dans un présent à courte vue et veulent ignorer l'avenir, comme ils ignorent le passé. Ils ramènent le rôle et la signification de l'homme à ceux d'une machine perfectionnée qui le remplacera peut-être un jour, non seulement dans son activité manuelle mais aussi technique. Par contre, pour celui (et ce doit être le désir du plus grand nombre des hommes de demain) qui veut contribuer à l'évolution spirituelle de son époque ou du moins ne pas s'y laisser traîner aveuglément, pour celui-là la culture du passé est aussi nécessaire que celle du présent. En cela, les philosophes grecs ont établi eux aussi, non une philosophie désincarnée, mais une science de l'action. Seulement, cette action était adaptée aux hommes et à l'environnement de leur époque. La gratuité superficielle que nous leur découvrons, résulte seulement du fait que nous participons à la vie de la fin du XXe siècle et que l'homme et l'environnement ont changé. Mais la pensée des philosophes grecs est sans doute aussi indispensable à connaître, pour prendre conscience de l'évolution de la pensée humaine et de celle des structures, que le sont les premières sociétés néolithiques, l'évolution du pied du cheval à travers les âges et les écrits de Marx et Hegel. C'est encore nous qui attribuons un jugement de valeur en plus ou en moins aux connaissances multiples qui forment le trésor commun des hommes. Elles ne sont là que pour nous permettre l'organisation de nos structures mentales en vue, toujours et encore, de l'action, mais de l'action de l'homme de la fin du XXe siècle.

TRAVAIL ET LOISIRS

Le *travail* constitue le lien essentiel entre l'individu et la société. Imaginons un naufragé isolé sur une île déserte. Il travaille pour assurer sa survie. Robinson Crusoé est là pour nous dire que chacun de ses actes a une signification égocentriste. L'idée de loisir lui vient sans doute difficilement à l'esprit. Au contraire, le travailleur dans le monde moderne, alors que la finalité de ses actions reste la même, assurer sa survie, la réalise dans un cadre social où cette finalité s'estompe. C'est en fait la société qui prend la charge d'assurer son existence et lui demande en échange à lui, individu, de participer à la survie de la société. Le travail apparaît ainsi, à l'individu, comme un acte social dans sa finalité et dans ses moyens, un acte allant apparemment à l'encontre de l'épanouissement de l'individu et de son égoïsme inné. Si, par malheur, la structure de la société, à la survie de laquelle il lui semble sacrifier l'essentiel de sa vie individuelle, ne lui convient pas, cet homme qui, Robinson, aurait lutté, souffert et travaillé plus intensément et plus durement, devient un révolté. On comprend que, dans un tel contexte, le terme de « loisirs » puisse s'opposer à celui de « travail ». Dans ce contexte, en effet, les « loisirs » représentent cette part de nos actes dont la finalité est strictement individuelle, sans lien apparent avec la société. C'est du moins celle librement consentie, et non imposée par une contrainte sociale.

Imaginons maintenant une société suffisamment évoluée pour ne favoriser aucun individu au détriment des autres, une société qui distribuerait à chacun une protection polymorphe à l'égard de l'environnement égale à la valeur du travail spécialisé qu'il a fourni. Un organisme en bonne santé n'est pas autre chose : chaque cellule, chaque organe, chaque tissu reçoit ce qu'il lui faut pour vivre compte tenu de sa participation d'importance variable à la survie de l'organisme entier. Il n'est pas certain qu'une telle société si elle était faite des hommes actuels puisse être en bonne santé, car chaque individu serait probablement enclin à exiger d'elle plus qu'il ne lui donne. En d'autres termes, son égoïsme prendrait sans doute le pas sur son esprit social. On peut du moins le penser en constatant l'appétit pour les biens de consommation (qui paraissent surtout profitables à l'individu plus qu'à la société) des sujets appartenant à des pays où justement les biens de consommation sont restés longtemps un objectif secondaire comparés à la production des biens collectifs. En quelque sorte, cette société idéale que nous avons imaginée paraît difficilement réalisable à partir des individus non idéalisés que sont nos contemporains. Pourquoi ?

D'abord, semble-t-il, parce que, même au sein de notre société idéale, l'individu a difficilement conscience qu'en travaillant pour la communauté, c'est en définitive pour lui qu'il travaille. Qu'il n'est rien sans la société humaine présente et passée, qu'il lui doit tout, alors qu'elle ne lui doit presque rien, car presque aucun individu n'est irremplaçable pour un organisme social, alors qu'une cellule isolée au sein de l'univers est quelque chose d'éminemment vulnérable.

C'est ensuite parce que le travail qu'exigent de l'individu les sociétés modernes est rarement resté un travail

« créateur » dans le sens de création personnalisée. L'artisan des jours passés travaillait joyeusement à une « œuvre » qu'il marquait de son sceau individuel, unique. Le cerveau humain est organisé de telle sorte que son fonctionnement aboutit forcément à l'imagination de nouvelles structures. Cette imagination, passant par ses mains, se concrétisait autrefois dans l'objet de son travail qui par cela même n'en était plus un, car il actualisait au contraire l'ensemble de ses motivations les plus inconscientes. L'objet de son travail reflétait ainsi ce qu'il savait du monde, son expérience, sa culture. Le geste spécialisé de nos jours laisse rarement place à la fantaisie individuelle et à l'expression de la personnalité. Aucune activité ludique ne peut y prendre place. Il devient un travail au lieu d'être un loisir.

D'ailleurs, il est intéressant de constater qu'on a fait de prodigieux efforts pour le rendre entièrement conditionné. Il est vrai qu'un geste réflexe est moins fatigant qu'un geste qui doit être repensé chaque fois parce qu'il n'est jamais tout à fait le même. En réalité, ce n'est point pour qu'il soit moins fatigant pour celui qui doit le réaliser au long des jours que les gestes du travailleur moderne ont été, autant que cela a été possible, rendus réflexes. C'est surtout pour accroître la productivité. Pour une même libération énergétique il est probable qu'un cheval de manège se fatigue moins qu'un cheval de concours hippique. Mais l'un et l'autre ont une faculté d'imagination restreinte. L'ouvrier, lui, a malheureusement un cortex qui avec les éléments accumulés par son expérience, aussi restreinte soit-elle bien souvent, du monde extérieur à son travail (car il ne lui a pas été possible de l'accroître), peut imaginer une vie différente de la sienne. Cette inactivité d'un organe essentiellement humain est, comme la chasteté et sans en avoir la sublimation possible, une contrainte difficile à supporter. D'autant que les moyens d'information modernes, bien qu'ils fassent tous leurs efforts souvent pour maintenir l'homme dans un abêtissement protecteur, ne peuvent faire autrement que de lui faire connaître un autre monde que celui où il vit. Dès ce moment il imagine qu'il lui serait possible de faire autre chose et la contrainte s'accroît. Il n'y aurait que dans un « meilleur des mondes » à la Huxley que, ne pouvant imaginer autre chose que la tâche à laquelle il participerait journellement, il l'exécuterait non avec plaisir sans doute, mais du moins avec indifférence. Nous n'en sommes encore pas là heureusement et n'y serons sans doute jamais.

Car nous ne pensons pas qu'il y ait eu régression et non évolution dans cette transformation du comportement humain. L'homme artisan, aussi attachante que puisse être l'évocation d'une période en grande partie révolue, a lui-même représenté une étape de l'évolution humaine, à laquelle l'humanité ne pouvait rester indéfiniment fixée. Et il est probable que l'apparente régression du comportement humain n'est elle-même qu'une étape, une mutation, douloureuse mais passagère.

Le travail de l'homme est en train, sous nos yeux, de passer à la *machine* et l'on peut imaginer le temps où le travail de l'homme se réduira à concevoir les machines que d'autres machines construiront. *L'homme se « démanuellise » et se « céphalise ».* On a longtemps discuté pour savoir si c'était, au cours de l'évolution, la main qui avait fait le cerveau ou le cerveau la main. Il est probable que l'ensemble du cerveau et de la main de l'homme fut le résultat d'un échange cybernétique de bons procédés. Mais tout porte à penser par contre que le cerveau détruira la main à plus ou moins longue échéance. Il orientera du moins sa fonction vers des activités différentes, ou bien, sous une autre formulation, la main inactive permettra le plein emploi du cerveau pour la création abstraite et non plus pour la commande neuromotrice.

Pour ces hommes pleinement conscients, pleinement

pensants, dominateurs du monde matériel, il n'y aura plus de travail. *Il n'y aura que des loisirs*. En effet, le travail de la pensée ne distingue plus l'individuel du social. En utilisant son cerveau pour créer, l'homme, du fait même qu'il réalise sa finalité biologique profonde, n'a plus le sentiment de la contrainte, donc du travail. La notion de loisir est une notion d'*homo faber* et non d'*homo sapiens*. Quand les actes humains s'identifient avec la pensée, le travail devient un jeu. C'est l'ennui qui engendre la fatigue et non pas le travail. Or, l'ennui ne peut naître que de l'ignorance de la finalité de nos actes, de leur monotonie, de leur isolement d'un ensemble cosmique, du rétrécissement du champ de conscience dont ils s'accompagnent. De cet ennui naissent les notions d'intérêt, de profit, de biens matériels, puisque nos actes ne trouvent pas alors en eux-mêmes leur propre finalité. Il résulte de cela que la société idéale dont nous parlions plus haut n'est concevable que pour des *homo sapiens*. Cette société idéale ne demandera plus aux hommes que le travail de leur cerveau, le modelage du monde matériel se réalisant alors par les nouveaux bras que cette société se sera donnés : les machines.

L'objectif le plus pressé à atteindre pour en arriver là est évidemment la *généralisation de la culture*. D'une *culture relativiste*, libérée des jugements de valeur, d'une culture en perpétuel remaniement, non imposée, mais spontanée, recherchée par le seul intérêt que trouvera l'individu à mieux comprendre le monde étrange où il est plongé.

Il est déjà trop tard pour en faire profiter les adultes d'aujourd'hui. Adultes, leur expérience du monde est déjà fixée dans des mots. Il faudrait les déstructurer d'abord, pour les restructurer ensuite. Or, bien peu d'entre eux accepteraient la déstructuration. L'abandon de leur comportement, conditionné par certains mots auxquels ils donnent une « valeur » d'objet, de réalité, serait trop douloureux. Il suffit de remarquer dans les conversations journalières avec nos contemporains combien d'entre eux sont définitivement fixés dans une opinion générale ou particulière, déterminée par leur expérience de l'environnement, et qu'ils ne peuvent abandonner sans risquer de faire une psychose. On débouche là sur un problème identique à celui des chiens de Pavlov auxquels on présente avant leur nourriture un cercle, que l'on transforme progressivement en ellipse... Un processus analogue est réalisable chez l'homme à partir du moment où cet homme « inconscient », parce que réagissant à des réflexes provoqués par certains mots, voit brusquement s'effondrer ce qu'il croit être une relation de causalité, qui lui est nécessaire pour vivre.

La culture relativiste est donc celle à fournir aux hommes de demain. L'évolution est rarement le fait d'une seule génération. Le drame de notre époque vient sans doute du fait que l'homme n'a jamais transformé si vite son environnement, en si peu de temps ; que les hommes qui ont été les ouvriers de cette transformation n'ont pu en tirer les conséquences générales, car ils n'ont pu adapter leur langage, fixé dans les années passées, aux structures nouvelles qu'ils ont fait naître. Leurs enfants ont hérité d'un monde nouveau et d'un langage inadapté à ce monde.

Il reste à ceux-ci à transformer leur langage, en d'autres termes à transformer leurs structures mentales, alors qu'ils n'ont point encore l'autorité que confèrent l'âge et l'expérience, expérience d'ailleurs d'une époque déjà révolue. Le moindre mal que puisse leur faire la génération descendante est de ne pas leur imposer un langage qui ne leur convient plus. Il serait trop difficile sans doute de les aider à découvrir un langage nouveau. Il n'y a qu'eux d'ailleurs qui puissent l'inventer. Le drame de l'enseignement est là. Il ne s'agit pas seulement d'enseigner des faits, mais des structures efficaces. Or, il est facile de trouver des enseignants pour enseigner les faits. Il est beaucoup plus difficile de trouver des enseignants pour enseigner les structures. La majorité de ceux existant aujourd'hui devraient d'abord subir une déstructuration. Comment leur faire admettre qu'ils en ont besoin ? Mais comment alors structurer efficacement les générations montantes ? Les anciens ne transmettent-ils pas d'autorité, du fait de la puissance qu'ils détiennent encore dans l'organisme social, leur structure périmée aux générations nouvelles ? Ces structures périmées s'éteindront sans doute d'elles-mêmes, comme les endémies des siècles passés, lorsqu'elles auront conduit à la mort le système social qui en a maintenu la pérennité. Les rats pesteux en savent quelque chose.

Combien de révolutionnaires vieillissants, bavards et agressifs en « commissions », sont en retard de quelques révolutions, car ils sont bien incapables d'imaginer autre chose que ce qui les a aidés à vieillir dans ce qu'ils appellent les honneurs et qu'ils tiennent avant tout à conserver. Le contexte socio-économique qui les a honorés est forcément le meilleur. Quand je parle de révolution, j'entends évidemment d'abord celle de la pensée qui est une chose à construire chaque jour, et dont toutes les autres révolutions dépendent, comme les éléments d'un ensemble structuré, en évolution dynamique.

Ayant envisagé précédemment la conception que j'ai appelée avec méfiance « capitaliste » du travail humain, on devine que toute évolution de cette conception est liée à l'évolution des loisirs. Dans une société capitaliste, le travail humain avons-nous dit a pour but l'accroissement du capital. Pour qu'un capital s'accroisse, il faut vendre, donc il faut que le travail humain serve à produire des biens de consommation. Nous avons dit que c'était là, à notre avis, le vice fondamental de ce type d'économie. Car nous pouvons affirmer, sans peur de nous tromper, que le rôle de l'homme sur la terre ne consiste pas, ou consiste de moins en moins en la production exclusive de biens de consommation. Répétons que si ces biens sont nécessaires, car ils ont délivré l'homme de la contrainte du milieu inanimé en protégeant sa vie physiologique de façon incomparablement plus efficace qu'elle n'était protégée aux époques préhistoriques, ils ne peuvent être considérés comme une fin en eux-mêmes, alors que l'univers s'offre à nous. Il s'offre à nous, non point pour en tirer des biens de consommation, mais pour le comprendre et harmoniser notre structure à la sienne.

Quand un enfant grandit, on ne lui demande pas, ou du moins on ne lui demande plus, généralement, dans les sociétés évoluées, de transformer de l'énergie prise à l'environnement sous forme de nourriture, en travail musculaire ou manuel. Il l'utilise pour sa croissance et son développement. Mais ceux-ci ne peuvent continuer indéfiniment. A l'âge adulte, une partie seulement de sa nourriture sera utilisée au maintien de ses structures biologiques, la plus grande partie sera transformée en travail, réagissant sur le milieu pour le transformer. Il paraît logique de penser que pour les sociétés humaines, autres organismes vivants à un degré de complexité supérieur, il en est de même. Lorsqu'elles ont atteint un certain degré d'évolution, de bien-être, elles ne doivent plus être exclusivement consommatrices sous peine d'en crever d'obésité, mais la plus grande partie de leur travail doit se retourner vers l'environnement pour le transformer au mieux de leur survie, qui n'est plus alors uniquement liée à un problème de consommation. Elles doivent prendre possession de l'environnement, c'est-à-dire le mieux connaître pour le transformer. Nous n'en sommes peut-être pas encore là, mais nous en approchons. Sur quels indices pouvons-nous le supposer ? Sur le fait en particulier que dans certains pays industrialisés les revendications de la classe ouvrière ne se font plus sur le chapitre des revenus seulement, mais aussi et parfois surtout, sur celui de la durée du travail. Ce qui semblerait indiquer qu'un certain nombre d'hommes, et non parmi les plus favorisés, paraissent se contenter des biens de consommation acquis par leur travail, et plutôt que de gagner plus, ce qui leur permettrait de consommer plus, souhaitent travailler moins.

Diminuer les heures de travail, c'est accroître celles consacrées aux loisirs. Tout dépendra de ce que l'on entendra par *loisirs* et de ce que les sociétés feront de ces hommes oisifs. Il semble bien que ce ne soit encore là qu'un mauvais tour qu'est en train de nous jouer la sémantique. Les loisirs ne peuvent être les mêmes demain que ce qu'ils étaient hier ou que ce qu'ils sont encore aujourd'hui. Encore un mot qui, si nous n'y prenons garde, risque de nous tromper, car son contenu sémantique est en train de changer. Le monde autour de l'homme s'est transformé, par l'action même de l'homme sur lui. L'homme approche du moment où son cerveau va prendre le pas sur ses mains, si l'on me permet cette comparaison osée. De même qu'aux temps lointains la station debout a libéré les mains et que le développement cérébral est devenu nécessaire à l'utilisation coordonnée des membres qui d'antérieurs devinrent supérieurs et qui jusqu'alors avaient surtout servi à marcher, aujourd'hui les mains devenues moins utiles, car remplacées par des machines, vont libérer le cerveau pour des fonctions plus spéculatives. Il en résulte que si le travail intellectuel est réellement un travail, ce qui peut se discuter, l'homme est appelé à travailler tout autant, sinon plus, mais différemment. Le manuel disparaîtra pour faire place progressivement à l'intellectuel. Et celui-ci travaille aisément douze à quatorze heures par jour, sans prendre de week-end pendant onze mois de l'année. Dans ce cas, la civilisation des loisirs risque de décevoir beaucoup.

Mais le travail intellectuel, pour l'*homo sapiens,* serat-il un travail ? L'artisan de jadis, l'*homo faber* de la belle époque, ne travaillait-il pas avec plus de joie que celui de la nôtre ? Caractérisé biologiquement par l'adresse de ses mains et la précision de son système neuromoteur, n'éprouvait-il pas dans l'épanouissement biologique de leurs fonctions, un plaisir qu'ignore le travailleur manuel d'aujourd'hui ? C'est du moins ainsi que nous le représentent ceux qui regrettent le temps passé, sans se rendre compte qu'ils assistent à une mutation socio-biologique sans doute aussi importante que celles qui ont vu l'homme, de nomade et pasteur, devenir villageois et agriculteur, puis d'agriculteur devenir artisan, jusqu'à ce que l'industrie de l'époque moderne en fasse passagèrement cet être qui se cherche mais ne tardera pas sans doute à se trouver. A se trouver dans un état qu'on ne peut dire définitif, mais du moins plus conforme à sa destinée biologique puisque celle-ci semble bien être caractérisée par ce front haut et cette face droite qui lui ont permis de proférer ses premiers mots.

A cette vision, les pessimistes opposent celle d'un monde où l'individu ne sera plus qu'une cellule indifférenciée d'un organisme humain planétaire, individu bien nourri, bien logé, comme l'*ouvrière de la ruche*, guère plus libre, mais ne souffrant pas de son conditionnement, ne créant plus, et définitivement stabilisé dans une uniformité universelle. J'avoue imaginer avec difficulté par quel mécanisme une telle humanité pourrait naître, et ce n'est pas parce que nous en voyons l'amorce dans certains pays hautement industrialisés que cette évolution est plus probable. La disparition progressive du manœuvre fait que sous nos yeux nos facultés se remplissent chaque jour davantage sans distinction de sexe, ce qui n'était pas le cas à une époque encore récente. Certes, il ne suffit pas d'aller à l'école pour évoluer et nous envisagerons plus loin le problème de l'enseignement. Le nombre croissant des chercheurs ne peut non plus pousser au pessimisme.

L'information planétaire rapide, les voyages plus nombreux, ne peuvent non plus être considérés comme une régression. En fait, la seule mutation qui reste à faire dans un environnement qui est presque prêt à l'autoriser, est une mutation du langage et de son symbolisme. Avec la disparition consciente du jugement de valeur et la notion profondément vécue de la relativité, l'humanité sera prête à remplir pleinement sa destinée psychique. Dans cette humanité, l'individu sera ce qu'il n'a jamais cessé d'être, une cellule d'un organisme, mais je ne vois pas le désavantage qu'il y a à appartenir à un organisme planétaire plutôt que municipal. Dans un tel organisme planétaire au contraire, un maximum de chances sera donné à l'individu pour réaliser sa destinée profonde, telle que son hérédité, un milieu social uniformisé et son expérience personnelle l'auront modelée. Il pourra s'épanouir en dehors des notions de castes, de chapelles, de classes sociales, en dehors de tous les jugements de valeur enfin, qui constituent encore les bases essentielles du comportement de l'homme contemporain.

Mais, puisque c'est le problème des loisirs qui nous a intéressé et pour terminer sur lui, n'est-il pas permis de distinguer loisirs et vacances ? L'*homo faber* a besoin de loisirs. Il n'est pas sûr que l'*homo sapiens* ait besoin d'autre chose que de vacances. Leur coïncidence actuelle tend à les confondre. Leur motivation nous permet de les distinguer. La notion de loisirs est née de l'existence d'une contrainte sociale sur l'individu. Notons que l'*homo faber* est un mammifère à ce point socialisé qu'il ne peut s'empêcher de prendre ses loisirs en société et qu'il s'ennuie quand il est seul. Les vacances ont, je pense, une autre motivation. D'abord, celle pour les citadins de reprendre contact avec la nature. Il faut une certaine faculté d'imagination, au douzième étage d'un « grand ensemble » (cette terminologie montre que tout dépend du niveau de structure auquel on se place !) pour se situer, individu au milieu du cosmos, parcelle de chair humaine, à sa place dans le temps et l'espace. La société moderne cache à l'*homo faber* la nature, c'est-à-dire, plus précisément, l'ensemble des structures terrestres et cosmiques. Le cosmonaute, s'il parvient à se débarrasser de son anxiété, peut se situer plus justement que l'homme enfoui dans l'humanité grouillante d'une grande cité. Encore éprouvera-t-il longtemps avec difficulté, engoncé et suroxygéné, ce bien-être physique qu'il y a à faire partie d'un tout, seul en mer sous un ciel étoilé. Si le malheur de l'homme vient, dit Pascal, de ce qu'il ne sait pas rester seul dans sa chambre, la fringale de soleil, de campagne et d'horizons marins que ressent périodiquement notre société urbaine relève sans doute plus ou moins consciemment du besoin de faire partie du monde et non seulement de la société. Une preuve de cela, on peut la trouver, je pense, dans ce fait que cette fringale est propre au citadin, et non au paysan ou au villageois. Il n'y a pas seulement là une question pécuniaire, mais ayant pris conscience d'exister dans un environnement parce que celui-ci l'opprime, le citadin cherche à élargir cet environnement au-delà de ses horizons journaliers. Bien sûr, il y a aussi l'attrait du changement et sans doute celui d'une libération de certaines contraintes sociales, vestimentaires en particulier, qui sont journellement là pour nous rappeler que nous faisons partie d'une société. Bref, il y a chez le citadin moderne, dans son désir de voyager, de sortir temporairement de ses structures immédiates, de partir en vacances, quelque chose de plus, probablement, que la fuite de contraintes sociales que des « loisirs » seraient susceptibles de lui apporter. Et je pense que ce besoin, cette recherche d'un cadre plus vaste que celui qui limite sa vie professionnelle journalière, doit être mis au crédit évolutif des générations présentes, même s'ils ne sont finalement que la marque d'un certain manque d'imagination. Le « styliste » sur sa colonne avait peut-être raison.

LA DOULEUR

L'écueil de la biologie, ce qui en fait la fragilité lorsqu'on la compare aux autres disciplines fondamentales dont elle est issue : physique, chimie, pour ne citer que celles auxquelles elle doit le plus, c'est qu'elle débouche beaucoup plus facilement sur la philosophie. Je ne voudrais pas laisser supposer que je prends la philosophie pour une discipline inférieure alors que je crois que tout scientifique doit être philosophe. Mais du moins une certaine philosophie liée aux mots et aux concepts, sans références aux faits, pur produit de l'abstraction, est-elle d'un usage aussi plaisant que dangereux et devons-nous nous en méfier. Il suffit de constater combien les dogmes longtemps intangibles du pavlovisme sur lesquels débouchait la conception déterministe marxiste de la biologie ont pu retarder pendant de nombreuses années, par un conformisme stérilisant, l'évolution des sciences biologiques en U.R.S.S.

Il en est ainsi de l'aspect philosophique de la douleur vers lequel on est normalement orienté quand on en cherche une interprétation finaliste trop souvent entachée d'anthropomorphisme. La douleur est un fait. Chercher sa raison d'être par le seul raisonnement nous fait immédiatement retomber dans la tarte à la crème des jugements de valeur, du bon et du mauvais, de l'utile et du nuisible, notions purement humaines, et dont la nature se moque car elle se contente d'être. C'est l'homme ensuite qui la juge, d'ailleurs très différemment, suivant ses déterminismes sociaux, héréditaires, et son expérience personnelle. Un masochiste n'aura pas, au sujet de la douleur, la même opinion qu'un pusillanime et nous devrons encore juger suivant notre tempérament quel est, des deux, celui qui détient la vérité. A ce sujet, aucune inquiétude, nous pouvons prévoir que ce ne sera ni l'un ni l'autre, ce sera nous car c'est toujours nous qui détenons la vérité. Heureux sont ceux qui participent à nos croyances, ils participent à une vérité qui nous appartient. Les autres sont à plaindre : c'est ce qu'on appelle la tolérance. C'est dans ce cadre que je voudrais apporter ma vérité, mais sans désir d'ailleurs de la faire partager.

La douleur étant un fait, un fait très complexe, avant d'en chercher la signification nous pensons personnellement, dans notre vérité, qu'il est peut-être utile d'en comprendre le mécanisme.

En 1952, étudiant le phénomène douloureux, de façon que nous considérons maintenant, avec le recul, un peu subjective, nous tentions dans une première approche de jeter un peu de lumière sur les phénomènes physiologiques évoluant parallèlement et nous avions abouti à la notion générale qu'il était lié à un accroissement stable du métabolisme cellulaire déclenché par une dépolarisation, accroissement métabolique qui tendait à rétablir le potentiel de membrane primitif. Expliquons-nous.

Toute cellule présente une différence de potentiel entre sa surface extérieure et sa surface intérieure. Cette polarisation résulte du travail des réactions chimiques dont est le siège son protoplasme, autrement dit de son « métabolisme ». Il résulte d'une différence de concentration ionique entre l'intérieur et l'extérieur, la matière vivante étant plus complexe, plus organisée que le milieu aqueux qui l'entoure. Mais la tendance au nivellement thermodynamique tend perpétuellement à supprimer cette polarisation en nivelant les concentrations de part et d'autre de sa membrane. Le métabolisme, par des processus sur lesquels nous ne pouvons nous étendre, lutte contre cette tendance au nivellement thermodynamique. Le système étant régulé par action en retour (feed-back), les phénomènes cellulaires sont « oscillants » autour de valeurs moyennes, jamais atteintes de façon stable. Le métabolisme permet donc le maintien de la structure cellulaire différenciée au sein d'un milieu extracellulaire qui ne l'est pas.

Les phénomènes pathologiques paraissent liés à un apport d'énergie de la part du milieu sur l'élément vivant quantitativement trop importante pour que le métabolisme puisse continuer à fonctionner « en constance », c'est-à-dire de façon oscillante. La réaction oscillante devient disharmonique, en d'autres termes elle conserve une certaine stabilité, liée à l'accroissement stable du métabolisme qu'elle a engendré. Si la dépolarisation cellulaire persiste de façon stable, le métabolisme étant incapable de la contrôler, la cellule et l'organisme évoluent vers la mort.

Pour nous, dès cette époque, la douleur évoluait parallèlement à cette dépolarisation stable. En effet, quand le métabolisme s'épuise, que l'effort à la repolarisation diminue, la douleur décroît. Un choqué grave ne souffre pas. Il faut une réaction métabolique exagérée et stable pour que la douleur s'ensuive. L'analgésie due au froid, froid qui réduit tous les métabolismes, en est un autre exemple.

Dans cette optique donc, la douleur est un phénomène général commun à toute structure vivante, mais nous avions pourtant distingué la souffrance, phénomène physiologique et biologique général, de la douleur qui était alors, grâce au perfectionnement du système nerveux humain une souffrance consciente.

Si nous voulons alors appliquer à un tel phénomène

physiologique, comme on nous y encourage, un jugement de valeur, nous dirons que ce phénomène est moralement répugnant puisqu'il est l'expression d'un égoïsme biologique exacerbé, la lutte aveugle et mécanique pour la survie, le maintien d'une structure. Conscient ou inconscient il n'a rien de grandiose, il résulte du plus pur déterminisme des phénomènes vivants, c'est de l'autodéfense, sans cette prétendue grandeur que les mots humains lui ont surajoutée, au plus grand profit d'une société qui se trouve souvent fort bien de la douleur de certains pour le plus grand bonheur des autres. Notons bien que dans ce jugement de valeur nous n'allons point jusqu'à juger la nature en nous permettant de dire qu'elle se trompe, qu'elle fait une erreur ou qu'elle présente un défaut. Nous ne disons pas que la douleur est un « bien » ou un « mal ». Nous constatons seulement qu'elle existe, nous en décelons le mécanisme très général et nous constatons que sur le plan des valeurs humaines telles que la société nous les a imposées, il n'y a dans le phénomène douloureux aucune transcendance, aucune beauté différente de celle, admirable pour nous, des phénomènes biologiques quels qu'ils soient, un superbe égoïsme biochimique aboutissant parfois à la conservation têtue d'une structure, à la conservation de la vie.

Un de mes patrons, alors que j'étais interne, enlevant sans anesthésie les mèches d'un drainage abdominal à une adorable jeune fille, qui hurlait en conséquence à en ameuter tout le quartier, s'efforçait de la persuader avec humour que la douleur morale était souvent plus cruelle. C'est sans humour que l'adorable jeune fille lui dit, entre deux sanglots, que par malheur elle supportait fort bien la douleur morale pour laquelle elle se reconnaissait un certain courage, mais fort mal la douleur physique pour laquelle elle confessait n'en avoir aucun.

Cela pour dire que la douleur dite « morale » n'est encore que la réaction égoïste d'une structure mentale (avec tout ce que ce mot comporte d'ailleurs de biologique) pour sa conservation, pour son statu quo, pour son « potentiel de membrane ». Elle est sans doute d'autant plus forte que celui qui la supporte est plus fortement structuré dans ses conditionnements antérieurs, plus figé dans la sémantique générale qui supporte ses expériences passées du monde, plus pétrifié et inconscient de ses déterminismes. Elle est d'ailleurs plus faible chez l'enfant que chez l'adulte, car l'enfant est moins conditionné, donc plus indifférent, et si elle est souvent affaiblie chez le vieillard, c'est sans doute que la sénescence fait perdre la mémoire des conditionnements acquis.

Je ne peux considérer que la transcendance de l'homme réside dans la douleur. Je ne vois pas plus de transcendance à la clef d'une névralgie du trijumeau, toute douleur physique, même « transcendée », me paraissant rabaisser l'homme, que je n'en vois dans une douleur dite « morale », celle du mari trompé ou résultant de la perte d'un être cher. J'établis un constat d'existence sans pour cela donner à la douleur une valeur sur une échelle mobile dont le « S.M.I.G. » varie avec les croyances, les civilisations et les races. Bien plus, je crois que cette « transcendance » de la douleur résulte d'un individualisme forcené, d'un besoin de tout ramener à soi, d'une impuissance de l'individu à se situer par rapport à l'univers. Pour moi, le rôle essentiel de l'homme est la connaissance. La connaissance de ce que je ne vois pas ce qui pourrait nous empêcher de dire Dieu. Cette connaissance est indispensable à l'amour, car je ne réalise pas comment on peut aimer ce qu'on ne connaît pas. Connaissance bien partielle sans doute, infiniment infirme, mais qui a du moins l'avantage de nous sortir de notre gaine cutanée, de nous faire accéder à l'universel de la vie et de la matière, et de replacer nos douleurs à leur juste place dans l'immense machinerie cosmique. Ce sont alors moins qu'une goutte d'eau dans une mer où rien n'est juste ou injuste, bien ou mal, laid ou beau, mais où tout est en perpétuelle adaptation réciproque.

Et même si l'on peut admettre que les douleurs ont pu, dans certaines circonstances, être un moyen pour l'homme d'atteindre exceptionnellement cette universalité, je me refuse à voir en elles autre chose qu'un moyen temporaire, comme la charrue a été temporairement un moyen de labourer, l'arc et les flèches un moyen de chasser. Les temps ont changé. Pourquoi vouloir conserver à l'homme son environnement de l'âge de pierre ? Un homme n'est pour moi pleinement conscient, pleinement lucide, que libéré de la douleur et des douleurs, qui ne sont rien de plus que l'expression d'une mauvaise adaptation de ses déterminismes à ceux de l'environnement. Il est vrai que certains ne peuvent trouver cet équilibre que dans la ou les douleurs elles-mêmes. Mais alors, qu'on ne nous les présente pas comme des héros transcendants, leur appliquant encore un jugement de valeur sans valeur en dehors de l'homme social qui l'exprime.

La (ou les) douleur (s) n'ont aucune finalité. Pas plus que le melon n'a de tranches pour être mangé en famille, elle ne sert à quelque chose. Ce n'est que l'expression non indispensable d'une lutte métabolique permettant la conservation d'une structure biologique, c'est-à-dire parfois aussi mentale. Je ne puis avoir ni de respect ni d'admiration pour elle. Tout ce que je puis me permettre de faire est d'en comprendre les mécanismes pour tenter de la (ou de les) supprimer.

Le Christ certes a souffert. Mais n'est-ce pas nous, hommes barbares et inconscients, qui lui avons infligé ses douleurs ? Etait-il moins Dieu avant d'avoir souffert et n'est-ce pas plutôt sur nous que sur lui qu'il y a lieu de pleurer ? Oui, la douleur est un « service d'ordures moléculaires » et la grande épreuve humaine est de comprendre la vie. Elle aboutit à la joie et non à la douleur, et celle-ci ne peut être qu'un voile obscur jeté sur la conscience.

*

Le problème de la douleur conduit à celui du mal dont il est souvent synonyme, et de l'injustice, tous mots liés à une notion d'absolu, de mal en soi, de l'injustice en soi. Mais ce qui est le mal pour les uns est souvent le bien pour les autres, l'injuste pour les uns, le juste pour les autres. Il n'est que la souffrance d'un enfant qui révolte de façon assez générale nos notions du bien et du mal, du juste et de l'injuste. Encore que ce ne fût pas vrai pour l'idéologie nazie et que ce ne soit point encore vrai actuellement au Viêt-nam pour des hommes civilisés, champions de la civilisation occidentale. Les uns pensaient et les autres pensent qu'il existe des « valeurs », « idéologiques » en apparence, « économiques » en fait, supérieures à la souffrance d'un enfant, des valeurs qui méritent que l'on fasse souffrir des enfants. Et je crois malheureusement que sur le plan des valeurs on ne peut convaincre ou même discuter. Tout dépend du système de référence. Sur le plan de l'esthétique, de l'entropie, du désordre, il est par contre manifeste que, en dehors de tout ce que nous sentons monter de révolte en nous à voir ou savoir qu'un enfant souffre, cette souffrance n'est que la conséquence d'une insuffisance de compréhension et de généralisation des structures. Il ne s'agit pas en effet de faire en sorte que tel mode de civilisation, telle race, dominent parce que nous les jugeons meilleures, mais il s'agit d'assurer l'accomplissement de la race humaine. Toute action aboutissant à limiter à un sous-ensemble l'avenir de l'ensemble humain, n'est pas mauvaise, elle est inesthétique. Toute action assurant par la force la domination de l'idée est déstructurante, contraire à l'évolution. Si l'homme se céphalise, il doit abandonner aussi pour s'imposer, l'usage de ses mains, c'est-à-dire l'usage des machines de violence qui de nos jours les prolongent. Il doit triompher par son cerveau ; s'il n'y parvient pas c'est que les structures que ce cerveau propose sont insuffisantes à répondre aux aspirations de l'ensemble actuel des hommes. C'est à la dialectique de la pensée et non de la force, comme ce fut le cas jusqu'ici, de fournir au monde de nouvelles structures socio-économiques évolutives. Le seul fait de devoir utiliser la force pour convaincre montre l'imperfection des structures que l'on propose. Le mal, l'injustice, comme la douleur, sont en nous, par nous et pour nous, elles n'ont pas d'existence en dehors de nous et sans nous. Il n'y a pas à en rendre Dieu responsable ou à en l'absoudre. Nous sommes seuls responsables.

Notre devoir d'homme est, partout et en tous lieux, de lutter contre l'entropie, contre la douleur et la mort, en sachant bien que s'attacher à des structures existantes, à un ordre existant, c'est justement faire le jeu de la douleur et de la mort. Notre devoir d'homme est simple au fond, il consiste à oublier notre force, pour utiliser notre imagination.

A PROPOS DE LA SCIENCE

Quand on considère l'immensité de l'ignorance du plus savant d'entre les hommes, il est probable que la distance qui sépare la somme de ses connaissances de celle de l'analphabète est négligeable par rapport à celle qui la sépare d'une connaissance universelle.

En quoi réside alors l'intérêt de la science ? Essentiellement en deux choses à notre avis.

La première est de nous faire ressentir profondément la notion de relativité. Ceci peut s'exprimer d'ailleurs de différentes façons. On peut aussi dire que la science nous permet de mesurer l'étendue de notre ignorance. On peut d'ailleurs se demander comment, puisqu'elle ne nous rapproche pratiquement pas de la connaissance absolue et que pour comparer il faudrait disposer des deux facteurs : ce que nous savons et ce que nous ne savons pas. Mais du moins pouvons-nous imaginer que nous ne parviendrons jamais à imaginer l'étendue de notre ignorance par la simple confrontation que fournit la connaissance scientifique du nombre incommensurable de relations existant dans la plus petite parcelle de savoir humain.

Ce que nous entendons par notion de relativité peut aussi s'exprimer en disant que c'est par elle que nous avons la conscience claire du fait que nous ne pouvons atteindre au réel, mais seulement à des relations entre les formes d'expression énergétiques variées de ce réel. La situation de l'homme de science possède alors une certaine analogie avec celle d'un homme qui, ignorant une langue, en aurait découvert progressivement la syntaxe, en étudiant la fréquence des relations entre certains mots dont il ignore le sens et qui même aurait remarqué que le fait de prononcer certains d'entre eux et dans un certain ordre provoquait chez ceux qui la comprennent un comportement déterminé.

Dire que l'homme ne peut espérer atteindre au réel ne procède nullement d'un esprit de dénigrement systématique de la science humaine. Cela veut dire seulement que tout ce que nous appréhendons du monde passe par l'intermédiaire de nos sens, se trouve donc par là même fourni à un système de codage intermédiaire quantifié et que les concepts qui en découlent, s'ils peuvent parfois constituer un système analogique avec certaines formes d'expression énergétiques de la réalité, ne sont absolument pas cette réalité même. Le principe d'identité d'Aristote a sans doute été le plus néfaste de tous les concepts humains et le principe d'incertitude d'Heisenberg l'un des plus utiles. Le second intérêt de la science est de nous faire découvrir des structures à défaut de la réalité.

Cela signifie qu'elle nous fait découvrir des relations existant entre les éléments sensibles du monde qui nous entoure. C'est même sa seule possibilité. Ne pouvant atteindre le réel, nous pouvons du moins grâce à elle découvrir des relations dans l'expression énergétique de celui-ci. Ce sont ces relations que nous appelons lois et qui persistent malgré la variabilité des éléments dans l'espace et le temps. Le scientifique peut rechercher des faits nouveaux. C'est en général facile parce que, justement, le nombre de ce que nous appelons « des faits » dans l'univers est infini. Mais ce n'est pas là à notre avis faire réellement œuvre scientifique, mais plutôt d'observation. Un des malheurs de la science contemporaine est que les moyens d'observations s'accroissant en nombre et en efficacité, beaucoup de chercheurs passent leur vie à observer, mais que bien peu relient les faits par eux observés aux autres faits. Bien peu aboutissent à la découverte de structures, découvertes qui demeurent cependant la seule dignité du savant.

Ce second intérêt de la science est peut-être le plus utile pour l'efficacité de l'homme. Il débouche en effet sur un comportement. Sachant qu'il ne peut atteindre au réel par la science, mais sachant aussi que par elle il peut découvrir des structures, il ne s'attardera aux faits que pour la découverte des structures. Or, celles-ci seront valables non seulement pour lui, mais pour l'ensemble des hommes. Dans le désordre apparent des faits, les structures introduisent l'ordre. Si l'on prend le désordre comme une expression de l'entropie, l'homme de science introduit dans le monde un certain degré de négentropie par la découverte des structures. Il est probable évidemment que s'il les découvre, ces structures, c'est-à-dire cet ordre, existent déjà dans l'univers, mais l'important pour la race c'est qu'il saura dès lors en tirer profit.

Il y a un autre intérêt à la découverte des structures, intérêt primordial à notre avis, mais qui exige de la part du scientifique un postulat, donc une certaine audace qui peut ne pas toujours être récompensée. Elle consiste à poser comme principe qu'il existe une homogénéité des structures dans l'univers. Ainsi, la découverte de certaines relations à un certain niveau d'organisation de la matière doit-elle conduire à la recherche d'une analogie de structures à d'autres niveaux, puis à la mise en évidence des relations unissant ces différents niveaux entre eux. Cette tendance à la généralisation des structures est sans doute assez dangereuse, mais pourra toujours conserver le garde-fou de la confirmation expérimentale. D'ailleurs, n'est-ce pas ainsi qu'ont progressé les sciences, et pour ne prendre qu'une des plus récentes, la cybernétique, ne s'est-elle pas érigée sur la notion de rétroaction et de servo-mécanisme, c'est-à-dire de relations entre effets et facteurs, sur une structure ? Dès lors, introduite dans les sciences biologiques dont d'ailleurs elle était partie, on s'aperçut d'abord que le système nerveux répondait dans son fonctionnement à ces principes, puis que ceux-ci se retrouvaient à chaque niveau d'organisation de la matière vivante, du comportement de l'individu à celui de ses réactions enzymatiques. Le principe de Le Chatelier n'en était d'ailleurs qu'une expression modeste et pas encore généralisée. On peut ainsi penser que les structures mises en évidence dans l'organisme des mammifères possèdent des analogies dans ces organismes plus complexes que sont les groupements et les sociétés humaines.

*

On peut prétendre que c'est la science qui a créé l'anxiété du monde moderne. Elle aurait détruit les anciens dieux et ne les aurait remplacés par rien. On doit cependant constater que l'anxiété n'est peut-être en grande partie que la conséquence d'une sécurité plus grande, aussi paradoxale que cette assertion puisse paraître. Les hôpitaux psychiatriques ne sont jamais moins remplis qu'en temps de guerre, quand une menace permanente plane sur la vie de chacun. Peut-être cette anxiété naît-elle d'un bien-être incomplet, d'une sécurité suffisante pour permettre au commun des mortels d'imaginer qu'elle pourrait être plus grande, d'une misère côtoyant une richesse étalée, d'un degré de conscience plus grand ayant abouti à la notion que tout être qui pense et qui parle est un homme que rien ne distingue fondamentalement de tous les autres hommes, si ce n'est le déterminisme de sa naissance et de son milieu. Quand, naissant esclave ou intouchable, on ne pouvait rien espérer de mieux que de mourir pour améliorer son état dans une autre vie, l'anxiété était sans doute moindre chez beaucoup d'hommes qui avaient une notion assez simple du déterminisme appelé fatalisme. Paradoxalement encore, c'est peut-être le déterminisme clamé par la science au point d'être vécu par le plus grand nombre, qui aboutit chez ce plus grand nombre à la notion, combien relative pourtant, de liberté. C'est la notion du déterminisme commandant à l'inégalité des individus et des classes, qui par révolte a abouti à la notion d'égalité. Ce n'est pas impossible.

Mais le fond du problème ne nous paraît pas être là. Si la science a quelque chose à se reprocher, c'est d'être divisée et de ne pas aider l'homme à se situer dans l'univers. Cela résulte de sa compartimentation. Aucune idée d'ensemble ne recueille les découvertes analytiques innombrables pour les placer dans une vision synthétique et évolutive de l'homme. Ou bien, quand un tel effort est fait, comme ce fut le cas dans l'œuvre de Lecomte Du Noüy ou de Teilhard de Chardin, des voix de vrais savants ou soi-disant tels s'élèvent pour dénoncer le roman, l'imposture. Cela procède sans doute d'une idée louable qu'ils se font de la science qui ne doit rien laisser à la subjectivité, à l'intuition, ou du moins tout contrôler par le passage au banc d'essai de l'expérimentation. Or plus une fresque synthétique tentant de fournir un sens à la vie humaine est large et audacieuse, moins elle se prête évidemment au contrôle expérimental immédiat. Mais aucun scientifique s'est-il jamais privé d'une hypothèse de travail ? Il faut accepter de telles vues d'ensemble comme des hypothèses de travail. Elles ont au moins l'avantage de réunir un plus grand nombre de faits acquis, au lieu de se cantonner dans un détail qui peut être important certes, peut faire progresser un domaine très particulier des connaissances humaines, sans jamais s'intégrer dans un schéma d'ensemble. Or ce schéma d'ensemble est le seul qui puisse lutter contre l'anxiété humaine et donner une signification même approchée à la vie. Ce schéma d'ensemble est nécessaire pour structurer nos progrès élémentaires dans un cadre universel, même temporaire. D'autre part, la thérapeutique de l'anxiété n'est pas la seule conséquence d'une vue d'ensemble, superficielle sans doute, mais cohérente, des relations mises en évidence par la science. Elle est le seul moyen, semble-t-il, d'en accroître l'efficacité pour l'humanité tout entière. Il ne s'agit pas de développer les découvertes en astronautique, en atomistique, d'accroître la vitesse des moyens de communication et d'information, les moyens même de commander ou d'orienter les processus les plus complexes de la vie, si ces progrès se font de façon séparée, l'homme continuant à se diriger en aveugle vers son destin, subissant ses progrès scientifiques sans les utiliser pour se hâter vers la fin qui est la sienne et qu'il atteindra probablement de toute façon, mais après combien d'erreurs, de souffrances et d'échecs. On retrouve cette notion dans toutes circonstances ou presque de notre vie moderne. C'est ainsi qu'on apprend fort justement aux enfants, actuellement, la théorie des ensembles, mais sans leur montrer qu'elle doit les aider à se structurer eux-mêmes. L'idée géniale de Cantor ne débouche que sur un exercice guère plus efficace que le jeu d'échecs ou de mots croisés, alors qu'elle devrait ouvrir la porte à la sémantique générale et dominer l'éducation du comportement, dominer l'attitude mentale de l'homme à l'égard de l'environnement. L'enfant, puis l'homme, n'ont plus guère le temps par la suite de faire l'effort personnel de retourner à une pratique déjà lointaine et dont ils n'ont pas saisi à temps la signification ni l'utilité et ne font point passer dans leur vie quotidienne, sociale, professionnelle, dans leur comportement mental, la merveilleuse méthode de structuration qu'est la théorie des ensembles. Là encore, il s'agit d'une structuration inachevée. Il manque à l'enseignement de la théorie des ensembles de montrer que le traitement des relations qu'elle permet de découvrir et d'organiser parmi les éléments que nous abstrayons de notre environnement aboutit inévitablement, pour peu qu'on en fasse une méthode générale de pensée, à structurer notre comportement.

La science moderne est une mécanique démontée dont chaque partie peut fonctionner pour son propre compte sans contribuer à la finalité de l'ensemble. Il manque une pensée pour réunir ces parties et un conducteur pour utiliser la machine. Ce conducteur devrait être l'humanité dans son ensemble pour peu qu'elle prenne conscience de son unité.

SUR LE LANGAGE SCIENTIFIQUE

Les mots ne sont pas des êtres sacrés mais des instruments conventionnels choisis par les hommes pour leur permettre un échange d'informations. La langue la plus efficace devrait donc être celle permettant le plus large échange entre le plus grand nombre d'hommes, et dans ce cas ce serait sans doute le chinois. Je ne pense pas, d'ailleurs, qu'on puisse être opposé par principe au « franois ».

Mais quand on parle du transport de l'information, une distinction s'impose. Les mots ne sont que les modèles des objets ou des concepts qu'ils désignent. Les symboles mathématiques sont aussi des modèles, mais alors que les mots des langages naturels se caractérisent par l'imprécision de l'information qu'ils transmettent, les modèles mathématiques sont au contraire très précis. Un rayon de soleil au printemps est, comme un beau vers, chargé d'information, d'une richesse infinie. Cette richesse n'est acquise qu'aux dépens de la précision de l'information. C'est l'inverse pour les modèles mathématiques, pauvres en expression mais riches en précision. On peut dire qu'un mot du langage courant n'a de sens que pour celui qui le prononce, car si ce mot est chargé de sa propre histoire à travers les siècles, que nous ne connaissons que bien rarement, il est aussi et surtout chargé de toute l'histoire personnelle de l'homme qui l'emploie. Un homme a, en effet, une connaissance des mots à nulle autre pareille, qui tient à son milieu social, aux faits, aux émotions, aux sentiments, aux succès et échecs, à l'éducation qu'il a vécus à travers eux. Un père et un fils parlant la même langue ne se comprennent plus, bien souvent. Les mots n'ont plus pour eux la même signification, car ils les ont expérimentés à des époques différentes. C'est sans doute un des facteurs essentiels des conflits de génération.

Cette imprécision du langage parlé ou écrit fait toute la beauté de la poésie, « de la chanson grise où l'imprécis au précis se joint », car chacun de nous évoque dans ce langage ses émotions, ses souvenirs, son expérience, sa culture. Mais ce langage est incapable de fournir un véhicule sûr et précis de l'information scientifique.

Le langage scientifique, parlé ou écrit, se rattache au contraire au langage mathématique et tente, autant qu'il le peut, d'en acquérir la précision. C'est pourquoi les « scientifiques » ne se révoltent pas contre l'apport étranger à leur langage professionnel. Celui-ci n'a pas plus de liens avec le langage courant parlé ou écrit, que n'en ont les modèles mathématiques. Le langage scientifique est évidemment dépourvu d'affectivité et il suffit de constater la réaction passionnelle provoquée par le problème du « franglais » pour se douter qu'il a été soulevé par des hommes de plume, des sémanticiens tout court et non des sémanticiens généraux.

En effet, le langage scientifique appartient à celui qui trouve. La découverte de faits ou de concepts nouveaux exige la création d'un vocabulaire. Il est non seulement juste, mais indispensable, que la paternité de celui-ci revienne à celui ou ceux qui assurent déjà la paternité de la découverte. Comme on n'exprime jamais sa pensée de façon plus précise que dans sa langue maternelle, il est normal que le découvreur utilise les mots qui lui sont familiers ou qu'il crée dans sa langue des néologismes. Ils lui permettront de transmettre précisément l'information nouvelle à ses contemporains. Quand nous possédons des chercheurs qui trouvent, l'étranger ne fait aucune crise de morale linguistique pour adopter leur terminologie. Nos récents prix Nobel de médecine en ont fourni de nombreux exemples. Ils ne sont pas seuls.

Il ne s'agit pas de savoir si un mot équivalent existe dans notre langue pour remplacer un terme étranger. Une technique, une découverte, un concept nés hors de nos frontières, ont vu le jour dans un contexte scientifique particulier. Ils ne sont pas sortis brusquement du néant. Ils sont l'aboutissant souvent d'une longue histoire, appartiennent à une famille de faits dont nous avons pris connaissance au long des jours dans la langue qui les a vus naître. Même si nous arrivons à déguiser une pensée étrangère avec un mot français, ce qui est tout simplement malhonnête, nous la séparons alors de tout ce contexte, nous la dénaturons, car aucun synonyme en langage scientifique n'est assez précis pour embrasser le sens étroit de l'information, et cela même dans la terminologie courante des techniques les plus banales. Au ridicule du déguisement s'ajoute alors le ridicule de la stérilité.

Linguistes, laissez-nous en paix. La science est internationale, elle s'exprime dans un langage qui ne connaît pas les frontières linguistiques. Elle est née aujourd'hui et n'a que faire des étymologies. Si le français est demeuré une langue honorée et respectable, c'est sans doute à ses philosophes, ses romanciers, ses juristes et ses poètes, qu'il le doit. Aucun pays étranger ne nous chicane sur ce terrain. Ne chicanons pas l'étranger sur un terrain qui malheureusement est bien souvent plus le sien que le nôtre. Des termes français s'imposent d'eux-mêmes, sans crise affective, à l'étranger, quand nous faisons en sorte qu'on ne puisse se passer de ces mots, utilisés chez nous dans un contexte scientifique précis, lié à des découvertes indiscutables ou des techniques qui nous sont propres. Par contre, dans un congrès international, celui qui n'a vraiment rien de nouveau à dire peut fort bien exprimer des banalités dans une langue étrangère à la sienne. Mais, s'il a quelque chose de neuf et d'indispensable à communiquer, il peut le faire sans crainte en français, car alors, quelle que soit la langue parlée par ceux qui l'écoutent, ceux-ci feront l'effort de le traduire et de recueillir l'information qu'il a transmise.

Il y a un autre argument en faveur du « franglais » scientifique. C'est qu'une langue vivante est celle d'un peuple qui vit et non d'un groupement de mandarins. Nos pères n'ont pas craint d'assimiler et d'enrichir ainsi notre patrimoine linguistique. Une langue peut être comparée à un organisme. Tant que celui-ci est vivant, il assimile. Ce n'est que lorsqu'il est mort qu'il se décompose.

La réaction qui s'organise contre le franglais et que n'eût pas désavouée Déroulède découle du même esprit que celui qui préconise l'élévation des droits de douane aux frontières : celui d'un groupement humain incapable de produire suffisamment pour subir victorieusement la concurrence étrangère.

Récemment, dans le *J.A.M.A. (Journal of American Medical Association)*, une rubrique fort courtoise et amusée faisait état de la campagne actuelle contre le franglais. Cette rubrique se terminait ainsi : « *What can we say ? We can just sigh and comment* : C'est la vie. » En le lisant, j'ai rougi.

Le vrai nationalisme, s'il est certain, en effet, que tout un esprit est lié à la langue, est de faire en sorte que, par notre travail et notre génie, cette langue soit le véhicule d'une pensée scientifique qui n'ira pas d'ailleurs, exclusivement, chercher ses sources d'information, et par cela même son langage.

A PROPOS
DE LA RECHERCHE EN BIOLOGIE

On parle beaucoup de recherche depuis quelques années. On en parlait beaucoup moins en France il y a vingt ans, lorsque j'eus à choisir entre un métier artisanal qui avait été le mien jusque-là, la chirurgie, et qui me laissait espérer, en échange de quelques actes manuels (appendicectomie, gastrectomie, hystérectomie par exemple), obtenir de la société l'alimentation de ma famille et de moi-même, et un métier sans utilité immédiate et apparente à l'époque pour cette société, à savoir la recherche pour la recherche, dans une orientation biologique. En réalité, je fus heureusement aidé dans ma décision par le fait que, depuis l'âge de dix-neuf ans, cette société m'avait pris en charge en payant modestement mon travail à plein temps, tous les mois, dans le cadre de la médecine navale. Dans ce cadre, quoi que je fasse, ma sécurité personnelle et familiale était assurée. Ne désirant pas par-dessus tout accéder à des grades auxquels, pour y parvenir, une autre attitude aurait alors été nécessaire, je préférai laisser s'épanouir les bases profondes de ma motivation. Malgré le peu d'intérêt rencontré, et souvent même malgré les vents contraires, ayant rompu en réalité mon engagement social, sans lien dès lors avec un groupe capable de me reconnaître et de me défendre, j'ai cependant éprouvé la joie de voguer sans amarres et d'aborder sans crainte.

C'est ce qui me permet aujourd'hui de parler librement.

La recherche biologique a souffert en France de la confusion entre elle et l'enseignement. Elle souffre encore de ce qu'un homme n'est point jugé sur ce qu'il produit, mais bien sur ses qualités de récitant. Un chercheur est apprécié d'ailleurs, non point par d'autres chercheurs, qui n'existent encore qu'en nombre restreint, du moins dans la forme qui découvre, mais par des professeurs ayant passé des concours, ayant psalmodié quelques récitatifs et vieilli lentement par la suite, comblés par le respect d'une secte d'un autre âge. On répète souvent que les crédits pour la recherche sont insuffisants. En réalité, ils sont surtout distribués par des gens n'ayant jamais rien trouvé à d'autres qui ne trouveront probablement jamais rien. Ils sont distribués par ceux ayant passé des concours, c'est-à-dire ayant été des élèves, à ceux qui sont aujourd'hui leurs élèves. Il ne s'agit point, en recherche biologique, de découvrir, mais bien plutôt d'appartenir à ce qu'il est convenu d'appeler une école, et dans une école on enseigne, on ne découvre pas. Il faut d'abord avoir un « maître » et lui devoir sa réussite sociale, pour bénéficier ensuite de son appui. Et la réussite sociale ne consiste pas à avoir un nom, mondialement respecté par un apport original à l'évolution de la science, mais à posséder une chaire d'enseignement ou avoir l'espérance d'une chaire vide pour s'y asseoir. Si l'on accepte suffisamment longtemps de courber l'échine, de cirer des bottes, d'abdiquer sa personnalité, d'être improductif, de répéter ce que d'autres ont dit, de citer en référence un prétendu maître plutôt que celui qui se trouve être réellement le créateur original de ce dont on parle, alors on a quelques chances de recevoir des crédits de l'Etat pour chercher. Malheureusement, comme on se trouve alors entièrement conditionné, incapable d'une idée personnelle, trop craintif pour prendre une responsabilité doctrinale, débordé par l'administration, uniquement préoccupé de montrer sa puissance comme d'autres ont montré la leur à votre égard, improductif avant, on demeure improductif après avoir atteint cette puissance. Des élèves reconnaissants attendront leur ascension au trône, c'est-à-dire votre disparition de la scène enseignante, pour perpétuer la stérilité professorale à laquelle vous les aurez aidés à parvenir. Il faut d'ailleurs reconnaître qu'il était difficile, sans une révolution profonde de ce qui existait avant, de faire autre chose. Il ne suffit pas de prendre conscience tardivement à l'échelon gouvernemental de l'importance désormais dominante de la recherche en toutes disciplines pour que celles-ci deviennent brusquement une réalité efficace et vivante. La décision prise d'une orientation préférentielle nécessaire, vers qui se tourne-t-on ? Evidemment vers ceux déjà présents, qui n'ont jamais rien cherché ni découvert, en dehors d'une place au chaud au soleil de la république particulaire, mais qui semblent être les seuls conseillers techniques dans lesquels on puisse avoir confiance. C'est la meilleure façon de perpétuer la structure sociale existante aussi définitivement fixée par un mécanisme ancien de reproduction que les espèces non évolutives présentes de nos jours : la replication des agrégés à partir des agrégés existants, l'initiation à la toge.

Il est probable que le problème reçut une meilleure solution dans les disciplines plus récentes qui n'étaient pas encore figées et qui avaient à trouver leur organisation : science atomique et spatiale par exemple. Mais en biologie les cadres étaient en place depuis plusieurs siècles, soit dans son orientation médicale, soit dans son orientation fondamentale. Et les mêmes pontifs dont « le grand mérite était d'avoir été les premiers à avoir introduit en France les techniques de Smith ou de Johnson » ont été investis du pouvoir d'organiser la recherche et de distribuer les crédits. Ils organisèrent sur le modèle déjà existant de la récitation et de la protection interdépendante qui leur avait si bien réussi et distribuèrent à eux-mêmes, à leurs élèves et à leurs amis, ou du moins à ceux pouvant par la suite leur rendre le même service. Ajoutons à cela que dans la médecine dite « libre », c'est-à-dire celle qui rapporte largement dans le secteur privé, un élève de valeur peut devenir aussi un concurrent à la bourse des clients et l'on peut imaginer que la soumission et l'uniformité furent souvent les qualités nécessaires à l'accession à une brillante carrière professorale, donc de recherche, dans cette médecine libre.

Dans ce microcosme universitaire, où la puissance est pulvérisée dans une poussière de professeurs titulaires, tous interdépendants et ne recevant d'appui qu'autant qu'ils sont susceptibles d'en fournir eux-mêmes, on ne peut se permettre de mécontenter quelqu'un aussi médiocre et irrémédiablement inefficace soit-il. D'où pulvérisation des crédits à une poussière d'utilisateurs sans génie, mais honorablement titrés pour avoir été l'élève d'un précédent.

Mais, répétons-le : s'il n'est pas inutile de critiquer, il l'est de regretter ; tout cela était inévitable. En biologie comme ailleurs on ne passe pas brusquement d'un état stationnaire à une forme nouvelle sans bouleversements profonds ; il ne vous pousse pas des ailes par le seul désir de voler. On ne passe pas d'une civilisation tribale du type de celle à laquelle s'est fixée la médecine française depuis des siècles, à la civilisation technique de l'efficacité. Un grand progrès serait déjà accompli si l'on voulait bien ne pas confondre recherche et enseignement. Non point que le chercheur ne doive pas enseigner, mais son enseignement ne peut être celui du type classique exigé par les concours, et inversement il est difficile qu'un enseignant puisse chercher. Il y a à cela plusieurs raisons. La première est que l'on enseigne une matière spécialisée, ce qui déjà, par la focalisation d'intérêt que cela entraîne, est un handicap sérieux à la recherche qui découvre. La seconde est qu'enseigner exige de croire à la vérité de ce qu'on enseigne. Pourquoi dès lors remettre en cause, détruire des notions qui paraissent solidement acquises pour les modeler autrement ? Surtout si ces notions acquises ont été brillamment, non découvertes, mais défendues, par un « maître », ce qui devient alors téméraire. D'autant que les modèles de comportement constituant les jurys qui ont promu l'enseignant, ont admis que son savoir était une vérité digne d'être enseignée. Si cette vérité se transforme on la laissera évoluer de l'extérieur, on attendra quelques lustres pour être sûr que la transformation se vérifie et qu'elle est digne d'être à son tour enseignée. Pour être professeur, il faut inspirer le respect et la croyance indiscutée. Le professeur est en ce sens l'officiant d'un culte ayant ses dogmes. Les dogmes d'un culte ne se modifient pas à chaque nouvelle lune. C'est pourquoi l'enseignant non seulement ne se croit pas autorisé à apporter un changement quelconque au dogme, mais encore il attendra qu'un nouveau concile ait eu lieu pour enseigner les modifications apportées au dogme. Or il suffit de lire, chaque nouvelle lune, la presse scientifique spécialisée mondiale, pour se rendre compte du fait que nous ne sommes plus au temps de la biologie de l'abbé Nollet. Que la biologie évolue avec une rapidité surprenante par suite de l'existence d'une recherche active et non figée dans un professorat à vie dans les pays évolués qui nous entourent. La dernière raison est qu'enseigner prend du temps, la recherche aussi, et qu'on ne peut tout faire à la fois. Un chef d'équipe scientifique efficace ne peut faire autre chose aujourd'hui pendant dix heures par jour, que de prendre connaissance dans des disciplines variées de ce qui se cherche et se découvre au jour le jour dans le monde entier. Sans quoi, son « mélangeur » est incapable d'intégrer efficacement, d'imaginer de nouvelles structures dont les éléments pour construire lui feront défaut. Comment pourrait-il alors trouver le temps nécessaire et l'intérêt en éveil pour des notions connues, anciennes, qu'il doit rassembler pour faire l'objet de son enseignement ? Par contre, qu'un chercheur enseigne ce qu'il trouve, comment il le trouve, pourquoi il le trouve, aussi incertaine que puisse être sa progression, aussi discutable que puisse être la nouvelle structure qu'il ébauche, cela est encore normal. Mais cet enseignement de pointe ne peut être comparé à l'enseignement de base fourni par l'enseignant. Son but est également différent. Plus qu'une vérité, ce qu'il peut enseigner, c'est le goût de l'inconnu, la curiosité insatisfaite, la joie de la construction neuve, l'organisation nouvelle d'éléments anciens, l'éblouissement qui résulte de la vision d'une architecture jamais vue, l'émerveillement de la constatation d'un fait nouveau, l'éclairage brut illuminant soudain des faits anciens. L'enseignant enseigne le passé, le chercheur ne peut que donner une vision du présent en marche vers l'avenir.

Comment faire juger ce dernier, le faire choisir, le faire honorer, par ces bons élèves sans génie que sont les professeurs de Faculté ? Comment surtout remettre entre les mains de ces derniers la décision de l'obtention de ses moyens de travail, l'appréciation même de ses résultats ? Tant que l'on n'aura pas porté remède à cet état de choses, les « patrons » auront beau se réunir périodiquement en exprimant leur peine que des crédits plus abondants ne leur aient pas été versés, les services publics pourront se laisser attendrir et leur verser même ces crédits, la recherche aura peut-être l'air d'avancer, la découverte n'avancera certainement pas. Il est facile de se découvrir chercheur, il est beaucoup plus difficile de se découvrir découvreur. C'est un métier comme un autre. Il doit s'apprendre et aucun livre malheureusement ne l'enseigne, aucun patron actuellement ne vous l'apprend. Il y a sans doute là, suivant l'expression, comme « un vide à combler », quelque chose qui viendrait à son heure et aurait sa place dans toutes les bibliothèques.

L'état de choses que nous venons de décrire résulte des mêmes facteurs que ceux envisagés tout au long des pages précédentes. Jusqu'ici, dans une société de consommation, rares étaient ceux qui pouvaient se destiner uniquement à la compréhension du monde et des structures. Ce dont cette société avait besoin, c'était que l'on consomme ses petits et ses grands maux, ses épidémies et ses douleurs, et pour cela il lui fallait des artisans, puis des industries hospitalières pour les traiter. Il fallait des facultés pour apprendre le métier d'artisan et la « pratique hospitalière ». Biologie et médecine étaient d'ailleurs, sinon confondues, mais liées si étroitement que la première ne pouvait se concevoir sans l'autre et que le public confond encore le plus souvent médecine et biologie. Cela provenait de la nécessité pour l'*homo faber* de se protéger du milieu, et d'orienter son activité presque exclusivement sur les solutions à apporter pour rendre cette protection efficace. Avouons d'ailleurs qu'il y est parvenu. Les grandes épidémies d'antan, les grandes endémies, si proches encore de nos générations, comme la tuberculose, les infections aiguës et chroniques, les affections traumatiques, ont reçu des solutions thérapeutiques efficaces. Seuls le cancer et les maladies cardio-vasculaires, il est banal de le dire, attendent encore d'être vaincus.

C'est alors que le problème de la vie et non plus dans son incidence physiopathologique immédiate, non pour la découverte de moyens thérapeutiques déjà en grande partie conquis, se pose. Et l'homme s'aperçoit qu'à mesure qu'il découvre les structures plus intimes de la vie, il en est aussi récompensé, bien que ce ne soit plus sa motivation immédiate, par une meilleure protection à l'égard du milieu. Replié jadis sur la défense de sa vie, il passe à l'attaque de la connaissance du monde vivant. Or, cela n'est possible que par une recherche qui paraît généralement n'avoir aucun lien direct avec la thérapeutique, thérapeutique déjà hautement favorisée.

La biologie future a bien des chances de n'être pas thérapeutique mais transformatrice. La biologie, par la connaissance toujours plus intime des processus vivants, de l'atome au comportement, a bien des chances de déboucher, non sur des thérapeutiques devenues inutiles parce que la prophylaxie aura été efficace, mais sur une transformation de l'homme par l'homme. La médecine de demain risque de se limiter à quelques services d'urgence traumatologique et de réanimation générale, que j'appellerais « services d'agressologie ». On imagine que pour quelques francs lourds on peut vacciner toute une population, alors que le traitement de l'épidémie dont cette vaccination la protège aurait coûté un sacrifice national considérable. Si l'on avait pu imaginer avant la dernière guerre qu'à si brève échéance l'endémie tuberculeuse serait jugulée efficacement, aurait-on engagé les milliards qui furent nécessaires à réaliser un équipement sanatorial tombé en désuétude ? Le progrès réalisé dans quelques laboratoires de recherche a remplacé une thérapeutique dispendieuse et peu efficace par une prophylaxie économique et active. Par la compréhension, cependant encore imparfaite, d'un mécanisme infectieux général, on a pu faire disparaître l'artisanat aux formes multiples qu'étaient les thérapeutiques médico-chirurgicales d'autrefois. Si la recherche, le plus souvent occasionnelle et non systématique, des décennies passées a pu se montrer aussi efficace, que peut-on attendre d'une recherche décidée comme telle systématiquement ? Certainement une efficacité beaucoup plus grande dans la découverte et dans l'application de ces découvertes à l'évolution humaine. Mais pour cela la biologie doit d'abord prendre conscience de ce que les vieilles structures n'ont plus de raisons d'être, si ce n'est pour la confection, longtemps encore nécessaire, de l'artisan thérapeute. Elle doit prendre conscience du fait qu'à un monde nouveau doivent correspondre des solutions nouvelles. Qu'une nouvelle classe sociale doit être voulue et engendrée, sélectionnée sur d'autres critères que la mémoire et le conditionnement, sur des qualités inconnues ou non absolument indispensables à la société passée et présente. On doit abandonner le biologiste de consommation qu'était jusqu'ici le médecin pour laisser progressivement la place au biologiste de structure, seul capable de découvrir la vie et de permettre son adaptation progressive aux problèmes posés journellement par un environnement que les actions humaines transforment vite et profondément.

Cette étape franchie, avant de savoir comment choisir, éduquer et utiliser les chercheurs pour qu'ils trouvent, peut-être est-il bon de tenter de comprendre ce qui rend la recherche efficace. On s'est également rendu compte depuis quelque temps que les spécialistes, comme leur nom l'indique, sont spécialisés et qu'un problème ne peut se résoudre que par une attaque multidisciplinaire. Mais comme nous avons eu l'occasion déjà de le signaler, une « équipe » suivant la terminologie à la mode, fait généralement penser à une tour de Babel où chaque élément parle un langage incompréhensible pour son voisin. Ignorant son langage, il est incapable de comprendre l'importance de l'apport technique de ce voisin à la recherche commune et a plutôt tendance à le sous-estimer. Il suffit de voir le temps qu'il a fallu à ces prétendues équipes bio-anesthésico-chirurgicales pour faire admettre au chirurgien que son ignorance des faits n'appartenant pas à la stricte technique chirurgicale en faisait un mauvais chef d'équipe et qu'il devait faire taire un instant son besoin de domination. Cela résulte encore du fait que dans cette société artisanale en train de disparaître, le malade se confie à l'artisan, car il ignore que son rôle devient de plus en plus secondaire et que dans la majorité des cas sa vie dépend beaucoup plus de l'anesthésiste réanimateur ou du biologiste par exemple que du chirurgien. Nous n'avons d'ailleurs pris cet exemple que parce qu'il peut être vécu encore journellement, mais il ne correspond déjà plus à la recherche pure telle que nous l'avons envisagée il y a un instant, mais à une recherche située à un échelon déjà fortement manuellisé, qu'il est convenu d'appeler la recherche clinique et thérapeutique. Nous avons vu qu'elle vit sans doute son âge d'or, mais que la recherche de demain se situera essentiellement à l'échelon des mécanismes primordiaux gouvernant les processus vitaux. La recherche clinique ne sera que l'application assez banale et sans doute moins exigeante, d'une recherche dite fondamentale aujourd'hui.

Mais, en ce qui concerne cette dernière, le problème de l'équipe reste entier. Croire que l'on constitue une équipe par le simple rapprochement de spécialistes divers travaillant dans un but commun, sur un programme identique, est un rêve malheureusement faux. C'est comme si l'on voulait constituer un organisme en juxtaposant différentes parties appartenant à des corps différents. Il faudrait, pour que cet organisme fonctionne, qu'une même circulation et un même système nerveux assurent à ces parties un moyen commun de véhiculer les informations. Il faudrait donc déjà une mémoire génétique identique, sans quoi le rejet de ces différents greffons ne saurait tarder. Pour un groupe humain, il faut de même un langage et une information de base communs. Il faut des organes d'interaction et de commande capables d'intégrer les informations interdisciplinaires, c'est-à-dire interorganiques, dans un but opératoire commun. Il faut pour cela un système nerveux mieux informé de façon générale que chaque partie, mais informant en retour chaque partie pour la cohésion de l'ensemble. Nous ne reprendrons pas ici la comparaison du chef d'orchestre, mais elle est entièrement superposable au problème de la recherche en biologie. La recherche doit donc se préoccuper de former des spécialistes qui soient aussi des généralistes et choisir comme chefs d'orchestre parmi ceux-ci les mieux doués pour la synthèse interdisciplinaire d'une part, pour la restructuration et pour la découverte de nouvelles structures d'autre part. Culture interdisciplinaire de base, culture spécialisée ensuite, puis à nouveau interdisciplinaire pour susciter les vocations imaginatives et de synthèse. Nous retrouvons l'évolution en fuseaux successifs déjà envisagée dans un chapitre précédent. Il ne s'agit pas, pour un chef d'orchestre, de mieux jouer du saxophone que le saxophone, du violoncelle que les violoncelles, du hautbois que les hautbois, mais il s'agit de faire quelque chose de plus qui entraînera le respect et la libre adhésion de chacun d'eux, à savoir la coordination de l'ensemble dans une construction originale qui dépendra autant des qualités particulières de chaque spécialiste, de son pouvoir d'intégration au groupe, que du génie propre du chef à coordonner la qualité exceptionnelle de l'ensemble. Jusqu'ici, les qualités de ce qu'il est convenu d'appeler le « patron » résidaient surtout dans son expérience, qu'on appelait son sens clinique, son adresse et l'étendue de ses connaissances dans une discipline particulière où il était passé « maître ». En recherche, le patron en saura généralement moins que chacun des spécialistes qui l'entourent, chacun étant envisagé séparément, du moins sur le plan technique. Par contre, il risque d'en savoir autant que chacun d'eux sur le plan théorique, par les rapprochements interdisciplinaires que sa formation et ses qualités d'intégration lui permettront. Il ne s'agit d'ailleurs plus là, on l'a compris, d'un jugement de valeur, mais d'une appréciation de structure. Un chef d'orchestre seul ne peut jouer une symphonie. Un orchestre avec beaucoup d'efforts peut y parvenir, encore que dans ce cas, le premier violon par exemple remplacera souvent le chef d'orchestre. Mais sans chef d'orchestre il manquera sans doute à l'ensemble ce qui fait qu'une même œuvre musicale, bien qu'aucune note ne manque, peut être quelque chose de banal, alors qu'un chef transfigure une œuvre cent fois entendue, en quelque chose de neuf et d'émouvant.

Nous retrouvons donc là la notion déjà rencontrée du synthéticien généraliste et restructurant, nécessaire à la société non simplement consommatrice de demain, à cette société qui partira, non à la recherche de sa subsistance et des nourritures terrestres, mais à la recherche des structures universelles et de celles de la vie en particulier. Est-il indispensable de redire que pour lui essentiellement la culture relativiste est nécessaire ?

Né dans une société déjà trop vieille pour me marier avec et resté trop jeune pour qu'elle accepte de me reconnaître, j'ai dû faire mon éducation en dehors des cadres. J'ai dû acquérir mon expérience en marge des autoroutes, sur les chemins de traverse. En m'élevant un peu, ensuite, je découvris l'ensemble du paysage. Né dans une société artisanale, mon but fut de devenir d'abord artisan. Je fus chirurgien, mais je n'ai pas trouvé dans l'exercice de mes mains, même guidées par un cerveau du XXe siècle, la joie profonde de la connaissance. Je m'orientais vers la physiologie où rayonnait toujours le nom de Claude Bernard et de la médecine expérimentale. Elle ne m'a pas fourni, telle qu'elle était enseignée alors, la satisfaction que j'en attendais. Mon désir d'efficacité artisanale reprenant le dessus, je crus à la pharmacologie thérapeutique. Celle-ci m'entraîna vite vers la chimie, puis la chimie biologique et la biologie générale. A ce niveau d'organisation rien ne sépare la chimie de la physique à laquelle je dus me soumettre. Puis la dynamique des processus vivants m'intéressa à la cybernétique. Le plus difficile à acquérir fut leur langage commun : les mathématiques. Il est sans doute trop tard pour que j'en acquière autre chose que les rudiments indispensables. Je ne viens de parler de mon évolution scientifique que pour faire comprendre comment j'ai pu acquérir parallèlement une expérience pratique de la société où le sort de ma naissance m'avait placé. En effet, le début de cette évolution se situe immédiatement après la dernière guerre dans une société qui ignorait encore qu'elle aurait à subir une mutation prochaine ou à disparaître. Malgré les convulsions entraînées par la guerre, les structures sociales antérieures ne tardèrent pas à se reconstituer alors que le monde alentour changeait. Cet arc-boutage désespéré, pour maintenir les structures sociales et politiques du passé, s'est retrouvé également en médecine autant en ce qui concerne la recherche en elle-même que dans son produit, la découverte. Placé dans une société de consommation, mon désir de recherche fondamentale n'intéressait personne. J'étais cependant placé dans une situation privilégiée, n'ayant nulle courbette à faire pour assurer mon avenir social, celui-ci se situant sur des rails sans imprévus. Seule ma fonction telle que je l'entendais, ce pourquoi la société me payait, ce que j'échangeais avec elle pour qu'elle m'autorise à y vivre, ne l'intéressait pas. Pour travailler il me fallait un instrument de travail, mais le produit de mon travail n'intéressant personne, la société n'était pas prête à me le fournir. Ce que cette société attendait de moi, ce que le petit groupe social auquel j'appartenais, ignorant la théorie des ensembles, se considérant isolé dans l'ensemble national, ne voyant que ses problèmes immédiats et particuliers sans chercher à savoir comment ils pouvaient s'intégrer dans l'évolution nationale, voulait de moi, c'était de la recherche appliquée. Je ne sais qui eut le premier l'idée d'établir cette distinction futile entre recherche fondamentale et recherche appliquée, mais je n'irai certes pas porter une couronne sur sa tombe ! Non seulement la distinction est purement illusoire, mais il est de plus impossible de faire de la recherche appliquée sans qu'elle soit d'abord fondamentale. Ma mère nourricière, l'organisme d'Etat responsable de moi, était donc volontairement hostile à mon activité de recherche. Il fut cependant assez conciliant, ne m'aidant pas, pour me laisser me débrouiller seul. D'autres organismes d'Etat auraient peut-être pu me recueillir. Mais n'appartenant pas au Centre national de la recherche scientifique, ni à l'Université, ni à la Faculté, n'ayant aucun appui politique et pas de temps à perdre dans les escaliers tortueux des carrières universitaires, je fus heureusement conscient des problèmes sociaux que j'avais à résoudre. Petit-fils et fils de fonctionnaire, fonctionnaire moi-même (j'entends par fonctionnaire celui qui est payé par l'Etat), j'ai été conditionné à considérer le commerce comme quelque chose d'avilissant. Jugement de valeur s'il en fut, car si je m'étais alors installé en province comme chirurgien, je n'aurais pas eu l'impression de faire commerce... et pourtant !

Toujours est-il que, voulant réaliser ce pour quoi, du moins le pensais-je, j'étais fait, la recherche, ayant besoin d'un moyen de travail et d'une équipe, l'Etat ne pouvant m'y aider, je pensais naturellement à l'industrie privée. Mais dans une société de consommation comme la nôtre, l'industrie privée ne s'intéresse qu'à la recherche aboutissant à la commercialisation de produits qui peuvent se vendre, c'est-à-dire être achetés, pour réaliser un bénéfice assurant l'accroissement du capital.

Nous arrivons là à un problème essentiel de la recherche lié à la structure économique même de la société à laquelle nous appartenons. J'ai suffisamment insisté jusqu'ici sur la nécessité pour le monde de demain d'une recherche faite non pour accroître les avantages d'un groupe commercial, non pour l'épanouissement d'un clan économique, mais pour l'homme et sa connaissance, pour comprendre qu'il m'était impossible d'orienter mon enthousiasme et mon activité à la recherche systématique d'un diurétique, d'un cholagogue ou d'un nouveau tranquillisant suivant l'orientation du marché décelée par des études statistiques même approfondies. J'étais bien donc enfermé dans le dilemme posé à celui venu trop jeune dans un monde trop vieux. J'étais l'inutile, l'inadapté. Il ne me restait plus qu'à devenir stoïquement médecin général à l'ancienneté et à aller ensuite finir ma vie en cultivant mes violons d'Ingres et en écrivant mes Mémcires.

Il faut en effet beaucoup d'argent à celui qui n'en a pas pour assurer l'existence d'un nombre suffisant de collaborateurs et le fonctionnement en appareillage, en animaux et en matières premières d'un laboratoire de recherche s'il veut trouver, c'est-à-dire comprendre.

C'est alors que j'ai réalisé que la meilleure façon de découvrir des produits commercialisables était peut-être de n'en point chercher. Je m'étais récemment attaqué à l'étude d'un problème de biologie générale et la compréhension de son mécanisme, aussi parcellaire fût-elle, m'avait conduit à imaginer une thérapeutique originale lorsque ce mécanisme était perturbé. Il était simple alors de réaliser la synthèse d'une molécule neuve, de la breveter et de proposer ce brevet à des firmes pharmaceutiques pour qu'elles en assurent l'exploitation. En échange, elles fourniraient à l'association que nous avions créée entretemps (dite sans but lucratif) des droits d'auteur. Ce sont ces droits d'auteur qui nous permirent de réaliser et d'entretenir notre moyen de travail et la constitution d'une équipe. Sans doute assez peu accoutumés par expérience génétique et personnelle, aux discussions inhérentes aux contacts avec le secteur privé, sommes-nous généralement assez désavantagés. Rien n'est simple entre le moment où un progrès quelconque dans la compréhension d'un processus vivant, conduit à la synthèse d'une ou de plusieurs molécules nouvelles et celui où les droits d'auteur viennent soutenir notre effort ; sept à huit ans sont souvent nécessaires. Or, la découverte étant faite ne nous intéresse plus. Les molécules synthétisées elles-mêmes nous intéressent beaucoup moins que le mécanisme biologique qu'elles viennent confirmer ou exploiter.

Je ne me suis étendu sur cette expérience personnelle que parce qu'elle illustre parfaitement à mon avis la structure actuelle de la recherche française dans une société en mutation. A moins d'une chance exceptionnelle, et je crois l'avoir eue, ou l'on suit une carrière académique et l'on cherche sans trouver, ou l'on débouche sur l'industrie privée qui en France fait des pilules pour les vendre à nos compatriotes. Pas moyen d'échapper au professorat et ses équivalents, le canal à écluses pour péniches ralenties ou au « screening » des firmes pharmaceutiques pour « drugstores » en expansion. Même l'échappatoire que j'ai choisie n'est pas sans servitudes. Il me faut d'abord reconnaître que le fait que l'Assistance publique m'ait hébergé, constitue une exception que je ne saurais sans ingratitude sous-estimer. Je le dois au Dr Thalheimer que je veux ici citer, car c'est sans doute un des rares hommes auxquels je doive un tribut de reconnaissance. J'en dois un ensuite aux différents chefs administratifs de cette organisation qui, sans que je les connaisse, ont bien voulu depuis dix ans nous tolérer, mon groupe et moi. Mais la formation même de ce groupe en marge de toute structure nationale privée ou publique me prive d'un recrutement national le plus souvent. En effet, bien peu nombreux, comme mon fidèle collaborateur et ami Bernard Weber, sont ceux qui oseraient rapprocher même par la tangente la courbe de leur destinée scientifique de la nôtre. Non seulement ils n'en retireraient aucun bénéfice universitaire, mais ils en conserveraient une odeur de soufre qui leur interdirait par la suite toute accession au trône glorieux des carrières universitaires ou scientifiques officielles. Nous sommes donc forcés le plus souvent d'accueillir les chercheurs étrangers qui n'ont pas peur, eux, de se compromettre avec les hors-la-loi, car les jugements de valeur changent dès qu'on franchit les frontières. C'est à la fois un avantage et un inconvénient. Un avantage car, pour quelqu'un qui croit à la planétisation de l'homme, les frontières nationales sont rapidement insuffisantes et il ne peut qu'apprécier la possibilité d'échanger avec un environnement plus large. Un avantage d'avoir ainsi des amis dans presque tous les pays du monde, qui parlent le même langage et sont animés par la même foi. Un inconvénient, car un chercheur étranger peut rarement passer sa vie avec nous et nous quitte au bout d'un an ou deux. Et toute l'éducation sémantique du suivant reste à faire. Et puis surtout, l'échappatoire que nous avons choisie n'est que de la bricole. Nous sommes heureux de montrer ce que l'on peut produire en bricolant, mais nous préférerions évidemment avoir bénéficié d'une unité de recherches du type de celles que l'Etat distribue actuellement par l'intermédiaire du système. Du moins n'avons-nous de merci à dire à personne et acceptons-nous volontiers la compétition.

Ces défauts sont-ils propres à la recherche biologique française ? Il est certain que dans les pays étrangers productifs la mutation fut plus précoce. En France, biologie et médecine furent longtemps confondues et la médecine française considérée par les Français comme la meilleure du monde. Ce fut peut-être vrai tant que la médecine fut essentiellement clinique. Mais, à partir du moment où la clinique ne devint qu'une parente un peu pauvre d'un ensemble biologique dynamique et entreprenant, le sourire condescendant du clinicien français pour les monstres hospitaliers américains où le diagnostic faisait essentiellement appel à une débauche d'examens biologiques, où le malade numéroté, inventorié, n'était plus un homme mais une fiche biophysiopathologique, ce sourire condescendant signait l'incompréhension d'une évolution implacable et le choix d'une structure périmée aux dépens d'une forme évolutive. En face d'une société de consommation parvenue au stade industriel, il n'est pas logique, si l'on veut survivre, de maintenir un artisanat vieux d'un siècle.

Cet attachement exclusif ou presque à la clinique résultait évidemment de l'organisation de l'enseignement et de la hiérarchie hospitalière à vie. C'était le maintien d'une structure décadente à laquelle s'attachaient des avantages sociaux considérables autant qu'un conditionnement sémantique puissant.

Alors qu'en Amérique les hôpitaux, ceux des vétérans et des universités exceptés, sont souvent la conséquence d'initiatives privées, la Sécurité sociale en France a permis la création d'un secteur public efficace, malgré les critiques parfois justifiées dont il est l'objet. Mais ce n'est là encore que l'aspect consommation thérapeutique de cette activité sociale qu'est le traitement des maladies. La recherche biologique par contre, aux Etats-Unis, est assez peu le fait de l'industrie privée à de rares exceptions près, mais se trouve sous le contrôle et l'aide prédominante ou exclusive de l'Etat. Or, la décentralisation scientifique a évité la domination académique, qu'on constate en France, de Paris sur la province, et autorisé des déplacements nombreux. Cette instabilité même est une cause d'efficacité, car le jugement et les moyens de travail paraissent être plus liés aux résultats obtenus dans la découverte, qu'à des titres acquis une fois pour toutes, lorsque les appuis nécessaires vous ont été favorables à la suite d'un échange complexe d'influences de toutes sortes comme c'est le cas en France.

Mais pourquoi dans ce cas, direz-vous, n'allez-vous pas travailler aux Etats-Unis ? C'est bien la décision que prennent de nombreux chercheurs européens, incapables d'attendre une transformation hypothétique des modalités de la recherche de ce côté de l'Atlantique. En ce qui me concerne, n'ayant pas eu l'occasion d'être envoyé en stage d'études en Amérique par un C.N.R.S. bienveillant à un âge où un Européen est encore capable de s'adapter à une société dans laquelle il n'a pas grandi, la proposition d'aller vivre là-bas me fut faite trop tard. Trop tard parce que, entre-temps, j'avais été invité passagèrement onze fois aux Etats-Unis et que j'en connaissais le genre de vie. Trop tard parce que ce que je viens d'exposer depuis la première page de cet ouvrage est difficile à adapter à ce que j'ai vu là-bas. A trente ans un homme est encore capable de se conditionner autrement. A cinquante ans, s'il n'est pas encore entièrement conditionné, et j'ai fait des efforts valeureux pour ne pas l'être, il ne veut pas risquer de le devenir ou de se révolter contre un conditionnement qu'il rejette. En France, à mes dépens, j'ai appris ce qu'il en coûtait de se libérer des principaux préjugés et lieux communs de son époque, ce n'est pas pour recommencer l'expérience avec un autre type de préjugés et de lieux communs. En France, on peut encore vivre isolé. La preuve. En Amérique, c'est impossible.

Mon but, en écrivant ces pages, n'est d'ailleurs pas de savoir s'il existe autre part des possibilités de recherches biologiques plus favorables qu'en France, ce qui n'est guère difficile, mais de préciser pourquoi elles sont en France ce qu'elles sont, afin de savoir comment on pourrait les améliorer. Il n'est pas question non plus ici d'entrer dans les détails d'une réforme qui ne pourraient intéresser que les initiés, mais d'envisager les principes fondamentaux que cette réforme devrait développer. Les décisions concernant le choix et l'avancement du personnel de recherche, les crédits et leurs attributions sont prises par des commissions, directoires et autres comités de salut public qui y perpétuent l'arbitraire. Les chercheurs et leurs travaux, les crédits à leur allouer, y sont jugés par les mêmes personnes depuis trente ans, les places vides étant de temps à autre comblées par l'accession au pouvoir d'un élève soumis des précédents. A de rares exceptions près, ces personnages n'ont jamais montré quelque génie, quelque disposition particulière à la recherche, nous l'avons dit. La première chose à faire, ne serait-ce pas de rajeunir ces commissions et de choisir leurs membres non parmi les professeurs de Faculté mais parmi les chercheurs eux-mêmes, en donnant la préférence à ceux ayant montré déjà pour la recherche quelques dispositions ? La deuxième, ne serait-ce pas d'éviter l'inamovibilité, d'établir un roulement, et dans ces deux buts de faire élire les membres devant participer à ces différents groupes de décision par les chercheurs directement intéressés ? On passerait ainsi d'un état autocratique à un état démocratique.

A partir d'une certaine fonction dont l'importance pourrait être celle de maître de recherche par exemple, ne serait-il pas juste de confier le choix à un jury international de cinq à dix membres spécialement aptes à juger le candidat du fait de la notoriété internationale de leurs travaux dans une orientation proche ou dans une discipline intersécante ? Un membre du jury pourrait être choisi par le candidat lui-même. Ce jury jugerait sur les travaux réellement effectués par le candidat depuis son initiation à la recherche, grâce à l'envoi d'un dossier comprenant les tirés à part de ses principaux travaux et ouvrages imprimés. Ce serait un moyen de juger de leur originalité et de leur diffusibilité hors de nos frontières. On n'empêchera évidemment pas la ronde des lettres de recommandation de tous les doyens et professeurs français pour favoriser ou défavoriser un candidat. Cependant on peut espérer qu'un jury international n'a pas les mêmes obligations d'interdépendance pour services rendus antérieurement et le choix risque d'être plus libre, alors qu'il n'est actuellement que l'expression d'une puissance dont s'enorgueillissent les « patrons » puisqu'elle leur permet de recruter des élèves.

Il n'est évidemment pas question d'utiliser un tel mode de recrutement pour les hospitaliers et les enseignants, pour la raison simple que si le même échange de bons procédés sévit dans leurs concours, les conséquences en sont moins graves. En effet, un des arguments invoqués souvent par les « patrons » hospitaliers universitaires pour défendre le mode de recrutement par concours, auquel ils tiennent tout particulièrement comme moyen de démonstration de leur puissance, est que tous les candidats sont connus et appréciés à partir d'un certain stade et il est vrai que l'artisanat ne souffre pas du choix de l'un plutôt que de l'autre. Le concours devient ainsi une cooptation. Encore que discutable pour l'enseignement classique, le système aboutit au génocide pour la recherche évidemment. Nous en avons d'ailleurs une démonstration pratique journalière et avant de se plaindre de ces méchants Suédois, entièrement américanisés et qui n'attribuent parcimonieusement les prix Nobel de médecine qu'aux Français n'appartenant pas à la Faculté de médecine, à des gens qui ne sont ni anciens internes des hôpitaux de Paris ni agrégés, les membres de cette Faculté feraient mieux de faire leur autocritique et d'essayer d'opérer une mutation déchirante.

Une autre nécessité dans le domaine de la recherche est de ne pas accéder à une fonction à vie. Un homme peut avoir été l'homme d'une idée, d'une seule, et demeurer stérile le reste de ses jours, tournant en rond dans un territoire qui lui fut un instant favorable. Détenir une fonction pour une durée de cinq ans est suffisant pour mettre en évidence les capacités d'évolution d'un chercheur. Il pourrait être renouvelé dans ses fonctions ou même accéder à des fonctions plus importantes si pendant cette période il se montrait capable d'évolution et d'efficacité dans la découverte. On peut reprocher à ce système de briser les élans créateurs et les longues et patientes recherches d'une équipe. La stabilité ne bloque-t-elle pas l'élan créateur et les recherches d'individus mieux doués et maintenus en sous-ordre en attendant que les places d'autorités soient libérées ? L'instabilité a au moins pour elle d'inciter au dépassement constant de soi-même et à la créativité. L'homme n'est jamais plus créateur que lorsqu'il se sent incertain de son avenir et qu'il a besoin de s'affirmer aux autres pour conserver une ambiance favorable à son travail. Le titre à vie, lié à la fonction à vie, c'est la palme donnée à une bourgeoisie stérile et contente d'elle-même, c'est l'équivalent de la loi salique et de la royauté de droit divin. Elle a peut-être été utile, sinon indispensable à une époque ; à la nôtre elle encourage la médiocrité et l'inaction dans le fauteuil confortable de la dignité et des habitudes acquises. L'instabilité relative enfin favorise la cooptation efficace dans la constitution d'une équipe, elle oblige à éliminer le traînard, l'inconsistant, et favorise au contraire non seulement le créateur en puissance, mais aussi le technicien de valeur.

Enfin, les déchets de la recherche pourraient être utilisés fort efficacement dans l'enseignement à différents niveaux, qui ne demande pas un ensemble de qualités exceptionnelles mais seulement une bonne mémoire, un esprit clair et de ne pas bégayer si possible. Le circuit serait strictement inverse de ce qu'il est encore souvent actuellement, les déchets de l'agrégation formant la base de manœuvre de la recherche, les têtes chercheuses ayant fait des débuts malheureux comme enregistreurs sur bandes magnétiques.

Voici quelles sont dans leurs grandes lignes les modifications qu'entraîne à notre avis le passage d'une société de consommation à une société de recherche des structures. Nous ne reviendrons pas sur la formation du chercheur que nous avons déjà envisagée à plusieurs reprises, mais nous n'insisterons jamais assez sur la nécessité de ce que nous avons appelé une évolution en fuseaux et sa culture interdisciplinaire. La formation de sa créativité, compte tenu d'un cerveau qui en soit capable, serait surtout l'œuvre du synthéticien qui la prendrait en charge au départ. Si celui-ci devait être déchargé évidemment de sa formation scientifique de base, fort bien faite par la Faculté des sciences, et si cette formation demeurait indispensable car il n'est pas possible de réaliser une structure en l'absence d'éléments, ou ce n'est qu'un ensemble vide, par contre l'enseignement d'une méthodologie de recherche multidisciplinaire efficace doit être l'œuvre du synthéticien. La Faculté peut fournir les matériaux, seul un chercheur expérimenté et créateur peut apprendre à d'autres comment il faut s'en servir, et la dynamique vécue d'une recherche de groupe est indispensable pour en acquérir l'expérience. La découverte de faits nouveaux résulte d'abord de l'accroissement des connaissances en étendue plus qu'en profondeur. La recherche est d'abord une tache d'huile qui s'étend par la circonférence plus qu'une goutte d'acide qui creuse en son centre. Avant de consolider des positions acquises, il faut d'abord conquérir des terres nouvelles. Celles-là, c'est aux frontières qu'on les recherchera, pour les abandonner ensuite aux techniciens patients qui en feront jaillir les futures moissons. Il existe une recherche d'avant-garde et une recherche d'exploitation. Mais celle-là même doit être également interdisciplinaire, car plus un sujet se focalise plus il est nécessaire de l'intégrer dans un ensemble et d'en prospecter les aspects les plus variés. Les deux types de recherches ne sont pas antagonistes mais complémentaires. La création s'épanouit aussi bien dans l'une que dans l'autre à condition de ne pas être spécialisée. La spécialisation n'est pas dans l'objet mais dans la méthode de recherche. Elle résulte de l'envahissement du champ de conscience par l'observation d'un fait, non par la recherche de ses structures ; c'est-à-dire de l'ensemble des relations qui, de niveaux d'organisation en niveaux d'organisation, relient ce fait à tous les autres. Les faits ne sont rien par eux-mêmes, ils ne sont que par l'expression d'une structure.

S'il est nécessaire qu'un chercheur possède à fond une technique, il n'est peut-être pas indispensable qu'il l'exécute le restant de ses jours. Il doit être correctement entouré d'aides techniques capables de réaliser sa technicité sous son contrôle. Car le travail essentiel du chercheur est à mon avis d'enrichir journellement son stock mémorisé et cela dans des disciplines fort éloignées de la sienne. Comment le pourrait-il si tout son temps est pris par des actes techniques qui peuvent être correctement faits par d'autres ? Il y a une différence entre le fait de connaître, pour l'avoir pratiquée, une technique, être ainsi capable de la contrôler, de la corriger si elle est exécutée par d'autres, et le fait de passer un temps indispensable à la construction de nouvelles structures, à pratiquer soi-même cette technique. Contrôler, c'est déjà participer à l'expérimentation et parfois être attentif à un détail significatif qui serait passé inaperçu du technicien.

Enrichir son stock mémorisé et particulièrement aux frontières de sa discipline, c'est acquérir les éléments capables de donner naissance à l'hypothèse de travail que l'expérimentation ensuite viendra contrôler. Ce que nous avons dit précédemment de la mémoire immédiate et de la mémoire à long terme permet de comprendre que pour qu'un fait soit mémorisé, stocké de façon stable, il doit, aussi bien sans doute sur le plan matériel de la biologie moléculaire cérébrale, que sur celui, abstrait, de la sémantique qui en est la conséquence (aspect différent d'une même réalité), pénétrer dans une structure, être intégré dans un ensemble. Il doit venir remplir une place encore vide du puzzle que représente la connaissance scientifique du chercheur. Le fichier de cartes perforées est une aide utile, mais il ne peut remplacer la mémoire du chercheur. En ce sens, utiliser sa mémoire est une œuvre esthétique dans l'acception que nous avons précédemment donnée à ce mot.

La mémoire d'additive, devient ainsi intégrative. Le fait mémorisé n'a peut-être pas besoin de demeurer toujours prêt à répondre à l'appel de la conscience. Je n'ai aucune preuve scientifique me permettant de penser qu'un fait correctement mémorisé mais passé dans le stock inconscient conserve cependant son utilité. Et pourtant, l'expérience empirique me permet de croire que dans ce que l'on appelle l'intuition intervient le « mélangeur » travaillant sur un stock mémorisé dont les éléments ne sont point tous conscients. D'où l'étonnement et la joie quand l'expérimentation confirme une hypothèse ayant des bases plus intuitives que rationnelles. Mais un enfant qui vient de naître n'a pas d'intuition et l'intuition n'est sans doute qu'un long travail de stockage d'informations qui n'ont point besoin de demeurer toutes conscientes, mais exigent par contre d'avoir été mémorisées de façon structurée, intégrative. L'acte essentiel du chercheur, s'il en est bien ainsi, est donc de se tenir à la pointe de la connaissance des faits nouveaux qui à travers le monde et dans des disciplines variées sont mis chaque jour en évidence. Son acte créateur viendra ensuite, de l'organisation d'une nouvelle structure, jamais encore imaginée, à partir de ces faits intégrés. Si cette structure théorique est alors soumise au contrôle de l'expérience, des faits nouveaux surgiront en feux d'artifice dans les directions les plus variées. Cette méthode exige évidemment d'être parfois iconoclaste, de briser les vieilles images, les structures bien établies dans les consciences des contemporains, pour reconstruire un édifice nouveau en utilisant les pierres anciennes et les plus neuves que notre quête incessante aura rassemblées.

Etre iconoclaste, cela attire souvent quelques ennuis. Surtout quand les icônes brisées sont considérées par d'autres comme étant leur propriété personnelle. Le champ de la connaissance est d'autre part divisé en multiples propriétés mitoyennes constituant des chasses jalousement gardées. Pour être autorisé à chasser sur l'une d'elles, il faut avoir reçu un parchemin d'invitation, assurant les propriétaires que vous appartenez à la bonne société. Il se trouve que la recherche interdisciplinaire vous oblige à braconner un peu partout, avec des armes prohibées. Mais alors, gare au garde champêtre ! Il ne faut certes pas craindre de prendre de temps à autre du plomb dans les fesses. En d'autres termes, entre le Ku Klux Klan et les John Burch Society de la recherche biologique, dont les leçons inaugurales représentent les cérémonies d'initiation, il faut un certain courage au chercheur non initié pour continuer à pratiquer sa coupable profession.

C'est encore du courage qu'il lui faut pour lancer sur la scène scientifique un fait ou une idée neuve. D'abord parce que sa culture relativiste lui fait très tôt prendre conscience de la fragilité des structures nouvelles, des embûches, des erreurs qui jalonnent la route vers une vérité, un peu plus vraie que la précédente vérité admise par tous, des travestis et des mirages qui peuvent la camoufler. Du courage encore si sa vérité, même s'avérant à la longue un peu plus vraie que les précédentes, a des conséquences pratiques engageant la santé et la vie des hommes. Le chercheur doit donc être un homme de caractère non seulement sachant prendre, mais recherchant la responsabilité. En fait, ce courage est quelque chose d'assez simple à acquérir en procédant à ce qui se rapproche un peu de la réduction husserlienne. Plus simplement, il suffit de remarquer que dans un jeu ou une compétition, ce qui déclenche la motivation des participants, allant souvent jusqu'à l'agressivité, c'est généralement l'enjeu. Il en est de même dans la vie sociale. Si, comme l'a écrit Fernand Gregh un jour, « Il n'est pas de méchants, il n'est que des souffrants », ceux-ci souffrent de ne point conquérir ce qui leur semble donner de la valeur à la vie. Ils vivent au sein des jugements de valeur. L'enjeu n'est tel que par la valeur que les concurrents lui attribuent. Le principal, évidemment, dans une société de consommation, c'est l'argent et ses équivalents multiples. Supposons que le chercheur soit désintéressé (sous-entendu de l'argent), en d'autres termes qu'ayant suffisamment pour vivre (ce qui n'est d'ailleurs pas toujours le cas), le désir de la richesse n'entre pas dans sa motivation. Alors il y a les honneurs, mais ceux-ci ne sont tels que pour la société qui leur donne une certaine valeur hiérarchisée. Supposons que notre chercheur, esprit essentiellement généraliste et planétaire, n'attache pas de valeur aux honneurs que son petit groupe national peut distribuer. Il suffit que ce chercheur, se trouvant à l'étranger, se soit vu demander ce qu'était le petit ruban rouge à sa boutonnière et qu'il ait été obligé d'expliquer longuement ce qu'était la Légion d'honneur, pour qu'il réalise la relativité des décorations. Que dire des académies nationales quand il suffit de voyager un peu pour appartenir à celles des autres ? Alors, les grades militaires ou civils ? Mais si ce chercheur doit chercher, quels sont les rapports existant entre un grade militaire, un titre d'enseignement et la recherche ? Aucune raison non plus pour qu'il entre en compétition sur ce terrain. Il reste alors la puissance, l'autorité. Mais le vacher règne aussi sur son troupeau et l'autorité est liée tout autant au nombre qu'à la qualité des subordonnés et surtout à leur langage. Etre considéré comme un grand sorcier par un village de Bochimans peut très bien, pour lui, ne pas être un idéal à atteindre. Alors, son courage se résume à bien peu de chose. Il se résume à ne pas aimer la carotte et quand on lui en présente une, à refuser de courir derrière pour la croquer. Son courage se résume à ne pas jouer le même jeu que les autres.

On ne peut cependant passer sous silence un type de chercheur que ne caractérise pas son courage, car c'est un type soumis, mais qui n'est pourtant ni intéressé (sa recherche est vraiment désintéressée puisqu'elle n'aboutit jamais), ni ambitieux (il se contente d'accepter les honneurs quand on lui en distribue), qui ne désire ni la puissance et les responsabilités qu'il fuirait plutôt et dont la seule joie est d'être chercheur non pour trouver (ce qu'il ne considère pas comme indispensable et ne ferait même pas très sérieux) mais pour appartenir à ce qu'il pense être, non pas une élite, mais l'*élite* des Temps modernes. Il se reconnaît à un air distant, mystérieux, à ce qu'il parle peu comme si son langage ne pouvait être entendu que par un nombre infiniment restreint de personnalités appartenant à la même élite. Son attitude est sans agressivité mais sans affabilité non plus. Il vit dans un autre monde, pur, serein, pauvre, digne. Il pourrait aussi bien être officier de marine ou de cavalerie. Cet homme-là mis à part, que reste-t-il au chercheur, désintéressé, non ambitieux, simple et courageux, au chercheur qui n'aime pas la carotte ? D'abord beaucoup d'ennuis, car il n'est pas toujours agréable de manger à une table à part dans un banquet. Mais aussi beaucoup de joies : celle d'abord d'être conscient de ses déterminismes simplement en cherchant ceux qu'il n'a pas en commun avec les autres. Et puis, surtout, celle de chercher pour chercher et non pour autre chose. Cette joie-là, à elle seule, serait suffisante. Mais que dire de celle qui consiste, au cours d'une lecture, d'un voyage, d'une rencontre, d'un mot, à savoir qu'on a trouvé quelqu'un qui parle le même langage. Celle qui consiste à découvrir qu'alors on se croit isolé dans le monde, votre pensée voyageant par les livres et les écrits, vous a fait des amis nombreux que vous ne connaissez même pas. Des amis, c'est-à-dire des hommes qui acceptent vos structures totalement ou partiellement, soit que leur évolution personnelle leur ait fait parcourir le même chemin, soit, ce qui est plus agréable encore, que vous leur ayez vous-même ouvert une route efficace vers la connaissance.

Que dire de l'homme qui obtient tout cela en s'amusant ? Si le bonheur a un sens, un contenu, s'il n'est même que l'équilibre biologique de l'individu avec le milieu, cet homme est heureux. Il lui suffit de choisir un milieu qui ne soit pas limité à la porte de Pantin ou de Malakoff. Et il s'amuse ! J'ai toujours été étonné de lire que cette activité ludique tendait à disparaître dans nos sociétés modernes. Je me demande si cela ne vient pas de ce que nous nous embourbons généralement dans nos jugements de valeur de plus en plus contradictoires et de plus en plus nombreux. Mais ce n'est sans doute qu'un mauvais moment à passer. L'homme des sociétés futures, dès qu'il ne s'intéressera plus exclusivement aux produits consommables, du réfrigérateur aux académies, sera libre pour le jeu. Pour le jeu de son esprit structurant. Il sera enfin libre pour la recherche !

LA FEMME ET LA BIOLOGIE

Nous avons jusqu'ici envisagé l'évolution de la race humaine sans faire de distinction entre les deux éléments du couple, base de toute l'évolution. Le destin de l'un est suffisamment lié à celui de l'autre pour que cela ne nous soit pas reproché. Et pourtant, je connais certaines femmes beaucoup plus révoltées par l'injustice dont leur sexe est l'objet que par l'injustice sociale en général. Il est certain en tout cas que si l'avenir du couple est en jeu dans notre évolution accélérée, celui de chaque élément peut être envisagé séparément. La structure du couple, les relations socio-économiques entre l'homme et la femme, ne peuvent rester les mêmes alors que les sociétés changent. Bien sûr, il faudrait envisager actuellement et séparément l'avenir de la femme africaine, de l'Américaine, de l'Européenne, de la Japonaise, etc. Mais si nous admettons que les structures socio-économiques sont en train de se planétiser, nous pouvons aussi admettre que les statuts de la femme se planétiseront parallèlement à quelques variations locales près.

Si l'on nous demande ce qui caractérisera les sociétés humaines de demain, nous pouvons répondre sans avoir trop peur de nous tromper, que c'est une nouvelle répartition des masses sociales, du fait de la transformation progressive de l'*homo faber* en *homo sapiens*. Ce qui caractérise l'*homo faber*, c'est l'activité intelligente de ses mains. C'est elle qui fut à l'origine de sa fixation agraire, de l'artisanat, de l'urbanisation, et parallèlement de la société de consommation avec ses conséquences, défense de la propriété, des stocks alimentaires, conquête de nouvelles sources d'énergie, etc. Nous n'y reviendrons pas. Nous pouvons également affirmer que dans une société ainsi constituée au cours des siècles, la femme ne pouvait être que reléguée à son rôle de reproductrice, car (et sans doute du fait même de cette fonction physiologique prédominante), son système musculaire s'est moins développé que celui de l'homme. Elle était donc incapable de porter la cuirasse, le heaume et le haubert, elle était incapable de conduire la charrue, de porter des charges importantes, de supporter des efforts brutaux. Depuis les origines, la chasse, l'agriculture, la construction des villes, la guerre, ne pouvaient physiologiquement être son fait. Elle manquait de forces pour cela. Dès les origines sans doute elle fut donc uniquement chargée de ses grossesses, de la reproduction, de l'éducation des enfants en bas âge, de l'aménagement du refuge commun à la famille.

Or, voici venir les temps où les caractères physiologiques de l'homme, essentiellement sa force musculaire, lui deviennent de moins en moins indispensables, car des machines se chargent du même travail. L'homme se céphalise, avons-nous dit. En d'autres termes, la différence fondamentale qui le sépare « socialement » de la femme tend à disparaître. Quoi d'étonnant alors à voir la femme le remplacer de plus en plus dans des fonctions céphalisées, car il n'est point démontré que son cerveau fonctionne différemment du nôtre. Certains diront que ses facultés intellectuelles et plus particulièrement inventives et créatrices, sont moins développées que celles de l'homme. Encore que ce ne soit là qu'une « impression », cette infériorité, si elle existe, peut être considérée comme la conséquence d'un conditionnement millénaire, d'un conditionnement sémantique ancien, et de ce fait lié à l'environnement social dans lequel elle a vécu au cours des âges et n'a point encore cessé de vivre. Avec le changement de cet environnement cessera vraisemblablement cette infériorité passagère et rien intellectuellement ne la séparera plus de l'homme. Rien, si ce n'est son sexe.

Nous voyons déjà s'effectuer sous nos yeux la mutation. Nos facultés s'emplissent de plus en plus de femmes et il ne semble pas qu'elles s'y montrent intellectuellement défavorisées. Non seulement nos facultés, mais encore de multiples emplois pour lesquels l'intelligence plus que la force musculaire est demandée, deviennent progressivement des emplois féminins. Parallèlement, le statut social de la femme évolue. Elle ne peut, assurant les charges masculines, demeurer dans cet état de prolétariat où l'homme, classe possédante, tente de la maintenir. Elle se libère de plus en plus.

Un facteur gênant subsistait cependant pour qu'elle puisse atteindre une égalité sociale définitive. C'est encore elle qui pendant neuf mois porte les petits des hommes, et protège ensuite leurs premières années. Combien, qui sont parties joyeuses pour une course intellectuelle, dans le morne horizon des langes et des biberons se sont évanouies ! Dure et triste fortune pour celles ayant pris goût au logos, aux jeux de l'esprit et de l'action ! Mais voici qu'apparaît la pilule ! Produit de l'intelligence masculine au service de la femme. Le beau sexe devra bien un jour reconnaître que c'est à l'homme qu'elle doit son émancipation.

La pilule ! Pour, contre, combien de jugements de valeur ont déjà été portés à son sujet. Exemple pratique du fait signalé déjà au cours de ces lignes, qu'un jugement de valeur résulte d'un défaut de généralisation, d'une structuration insuffisante. Tant que la pilule n'est pas placée dans son contexte évolutif, qu'on l'envisage du point de vue de la morale et non de l'esthétique, de l'utilité immédiate ou du danger qu'elle peut faire courir à une population qui n'a pas encore trouvé son équilibre cybernétique à l'égard du milieu, on est pour ou contre, mais jamais complètement convaincant. Encore vient-elle aussi presque à son heure. Il est en effet impossible d'imaginer son apparition il y a cinquante ou cent ans à peine. Tous les tabous sociaux, tous les préjugés, toutes les morales l'auraient immédiatement condamnée. En réalité, ces conditionnements mêmes ont fait qu'elle ne pouvait être découverte parce que pas cherchée il y a quelques décennies encore. Et certes à notre époque même elle ne peut être considérée comme un remède universel aux malheurs des hommes. Il est bien sûr que les sociétés qui sont appelées à en user le plus, ce sont celles qui devraient en avoir le moins besoin, si on la considère uniquement comme le moyen de limiter la multiplication désastreuse de ce mammifère prédateur qu'est l'homme. Ce sont ces sociétés fortement industrialisées qui, sentant leur bien-être mis en cause par la marée montante des affamés venant battre les digues de leur confort, ont espéré limiter la prolifération des va-nu-pieds, des improductifs du réfrigérateur par la bienheureuse pilule. Mais cette pince-sans-rire de bonne nature a voulu que ceux qui ne connaissent pas le bien-être se moquent parfaitement du bien-être qui résulte de la contraception et que la contraception fleurisse dans ces sociétés à qui l'on doit la découverte de la pilule. En d'autres termes, une cybernétique imprévue risque de favoriser la multiplication des pauvres et la raréfaction des riches avec tout le contexte sémantique qui s'attache aux termes de civilisation occidentale, judéo-chrétienne, aux trésors que nous ont légués nos ancêtres, car il est bien connu que le Christ n'est venu sur terre que pour l'épanouissement de la boîte de conserve et du moteur à explosion. Si l'on veut mon avis, la pilule est venue trop tôt. Il aurait d'abord fallu laisser la faim agir seule.

Si nous voulons redevenir sérieux, tous les arguments

pour ou contre la pilule sont également valables, mais ils sont cependant secondaires. Pourquoi ? Pour une raison qui me paraît essentielle, c'est que l'évolution humaine, depuis quelques années déjà, se fait plutôt au-dessus de la ceinture qu'au-dessous. L'homme ne découvre en général qu'au moment où le milieu crée le climat favorable à sa découverte. La bombe atomique elle-même est sans doute venue au bon moment pour interdire les guerres (du moins espérons-le) à une époque où celles-ci devenaient trop meurtrières. Actuellement, le capital lui-même risquerait de souffrir de son emploi. C'est le facteur le plus chargé d'espoir qu'elle restera au magasin des accessoires. Il en est de même de la pilule. Elle est venue à l'heure où le milieu a permis son apparition. Son emploi restera probablement lié lui-même à des facteurs socio-économiques, des décisions gouvernementales variables suivant les lieux et les époques. Mais elle est là et elle ne pouvait pas ne pas y être, car elle était nécessaire à la libération de la femme dans l'ère de céphalisation de la race humaine.

J'ai soulevé l'hypothèse au début de cet ouvrage du rôle possible de la psychopharmacologie dans l'évolution du comportement humain. Non pour aujourd'hui où la psychopharmacologie est encore d'une maladresse ursine et notre connaissance des mécanismes centraux et des fonctions cérébrales presque totale, mais pour demain. La pilule nous fournit un autre exemple de l'action de l'homme sur la femme et si l'on veut bien se libérer des jugements de valeur, peut-être pas pour son mal, mais pour son évolution spirituelle. Pourquoi l'homme serait-il forcé de tout faire à la force des poignets si j'ose m'exprimer ainsi et de contrôler sa naissance par un effort personnel à chaque individu, effort qui n'est au fond qu'un conditionnement dont la valeur, sous l'angle du jugement même, est assez restreinte. Je ne veux pas me laisser entraîner à un long chapitre sur la signification du refoulement d'une activité sexuelle, sous la dépendance d'un déterminisme glandulaire et paléocéphalique, par un cerveau pensant. Il ne me paraît pas certain *a priori* que la pilule soit incapable de fournir à l'homme un meilleur équilibre avec l'environnement, et pour un plus grand nombre, dont résultera en définitive une facilitation des fonctions néocéphaliques proprement humaines. Si la caractéristique de l'homme en tout cas est une libération progressive des contraintes du milieu, qu'il doit à son génie, la pilule est géniale.

Voilà donc la femme libre d'enfanter quand elle le voudra, libre en conséquence d'être l'égale de l'homme dans son évolution céphalisante. Ce stade ne peut être définitif. La notion en serait d'ailleurs contraire à celle d'évolution. Et puis nous risquerions en quelques années de retomber dans une nouvelle stratification sociale, uniquement en milieu féminin. Certaines femmes en effet se spécialiseraient. La spécialisation nous l'avons vu étant toujours la conséquence d'un arrêt dans l'évolution des structures. Ainsi, certaines femmes céphaliques ignoreraient délibérément les joies et les souffrances de la maternité, alors que d'autres au contraire se spécialiseraient dans la procréation. Qui sait si un régime autoritaire ne serait pas obligé un jour de décréter le service maternel obligatoire, comme nous avons encore un service militaire obligatoire. On imagine les difficultés pratiques inhérentes à une telle décision, le rôle considérable que prendrait alors le médecin militaromaternel, les problèmes de conscience posés pour lui par la décision d'une réforme.

Non, il est plus simple de penser que l'homme de demain se reproduira *ex-utero* et que les parents iront chaque jour à la clinique de reproduction voir grandir en bocal le fœtus auquel leurs gamètes auront donné naissance. J'en vois certains sourire, et pourtant...

Mais je devine que la libération de la femme qui résultera de l'évolution humaine céphalisante, ce ne seront ni la pilule, ni la grossesse en bocal qui l'aideront surtout à se réaliser, mais la nécessité ou non, pour la femme, d'assurer la protection de l'enfant pendant les premières étapes de sa croissance. C'est cette protection qui éloigne avant tout la femme d'une vie sociale continue identique à la vie masculine. Il faudra, pour l'en délivrer, que la société prenne en charge le nouveau-né jusqu'à l'adolescence. Mais alors, que restera-t-il de l'éducation familiale que nous avons tendance à considérer aujourd'hui comme la base irremplaçable de l'éducation ? Cette dernière opinion est-elle autre chose qu'un jugement de valeur ? Quels parents seraient assez aveugles et prétentieux pour affirmer que leur système éducatif, si tant est qu'ils en ont un, est le seul et le meilleur ? Par contre, que résultera-t-il de la privation de la mère au cours des premiers âges, présence que la psychanalyse considère comme dominant toute l'évolution ultérieure de l'enfant ? Qui peut prévoir les conséquences pour chaque homme d'une éducation dépersonnalisée ?

A toutes ces questions, peut-être est-il possible de répondre que les retrouvailles, autour des repas du soir, de la famille séparée durant le jour, est toujours concevable et suffit sans doute à perpétuer le lien familial que notre affectivité d'aujourd'hui se refuse encore à ranger au grenier des meubles désuets dont s'est entourée la vie humaine.

La construction de structures nouvelles exige souvent que des relations anciennes disparaissent, mais elle peut aussi se contenter d'imbriquer les structures anciennes dans des relations plus vastes à un niveau d'organisation plus élevé. La signification et la dynamique fonctionnelle des précédents changent alors sans que leurs rapports soient profondément modifiés. Nous en avons constaté de fréquents exemples au cours de l'évolution biologique. La naissance d'une société universelle exigera-t-elle la disparition du groupe familial ? Mais pourquoi pas aussi des relations premières entre l'homme et la femme ? Nous parvenons là, je pense, aux limites de ce qu'il est permis à l'homme du XXe siècle d'imaginer, sans faire référence à ses valeurs passées et présentes. A la limite de ce qu'il peut imaginer sans se laisser influencer par des jugements de valeur. Mais qui peut dire si ce qui lui paraît essentiel de conserver aujourd'hui du monde passé, si ces valeurs qui lui paraissent intangibles, ne seront pas un jour éclairées d'une lumière nouvelle ? Qui a médité sur la signification de la réponse du Christ qui, enseignant aux foules, lorsqu'on vint lui dire que sa mère et ses frères le demandaient, répondit que cette femme et ces hommes ne le regardaient pas ?

Qui peut affirmer que ce que nous croyons être les formes les plus belles de l'amour n'ont pas été le germe initial de l'injustice et de la haine entre les hommes ? Et même, si je devine votre réponse, laissez-moi au moins, lecteur, vous poser la question.

ÉPILOGUE

Pour beaucoup d'hommes modernes, l'action ne se conçoit que dans un cadre politique. Pendant longtemps les hommes ont délégué leur pouvoir d'organisation, de direction, aux plus forts, à ceux les mieux capables de les défendre, d'assurer la protection de leur activité rurale ou artisanale. La République ne changea pas grand-chose à cet état de fait, le vote reposant plus fréquemment la question de savoir qui dirige, alors que la génétique y pourvoyait antérieurement pour de nombreuses générations. Les beaux parleurs et les grands principes furent favorisés, la bourgeoisie également. L'économie moderne vint bouleverser les forces en présence, et faire prendre conscience aux travailleurs de leur signification et de leur puissance. On ne peut pourtant pas dire que fondamentalement il y ait encore quelque chose de changé, car dans une société d'*homo faber*, dite de consommation, ce que l'homme désire, c'est consommer, ce qu'il défend, c'est son droit à la consommation. Quel que soit le parti politique, de droite ou de gauche suivant la terminologie en usage, le moteur essentiel qui remue les masses, sous les mots vides ou trop pleins de justice sociale, d'humanisme nouveau, de démocratie, etc., c'est le désir de consommer plus largement, autant que d'autres, ou inversement le désir de conserver son niveau de consommation. La véritable lutte des classes, dans un sens comme dans l'autre, du communisme au conservatisme, c'est la lutte essentielle pour le bien-être matériel.

Bien sûr, ce bien-être est indispensable et la lutte qui résulte de son désir d'obtention s'accompagne de notions déjà plus élaborées, concernant les contraintes sociales variées exercées par des groupes humains plus favorisés, envers d'autres qui le sont moins. Mais la notion de justice sociale est une notion extrêmement obscure qui, si elle se limitait au désir d'éradication de la misère de la surface du monde, serait indiscutable alors qu'elle implique plus ou moins consciemment une idée d'égalité des biens matériels dont un homme appartenant à une société de consommation peut difficilement se défaire. Or, il est probable que l'égalité humaine est une notion de statistique biologique, sans plus, répondant à la loi de Gauss. La seule égalité entre les hommes, c'est d'appartenir à la même espèce, c'est-à-dire d'être un mammifère bipède, avec une capacité cérébrale de 1 500 cm^3 environ, un cerveau antérieur développé, et qui parle... plus ou moins bien. Ces seules caractéristiques suffisent pour que l'espèce à laquelle l'individu appartient se sente responsable de sa survie. Mais ce qui paraît essentiel de comprendre est que l'évolution, c'est l'espèce tout entière qui en prend la responsabilité et qui en est l'objet. Ce qui évolue essentiellement dans la courbe de Gauss dans laquelle s'inscrit l'ensemble des individus humains, c'est le « mode », ce n'est ni la moyenne ni la médiane, qui ne seront entraînées que secondairement. Si l'humanité ne répondait pas à une courbe de Gauss, elle cesserait d'être un système biologique et ce qui évolue, c'est la valeur de l'observation dont la fréquence est maximum. Or, le drame de nos sociétés actuelles, c'est que l'homme en mutation biosociologique est encore divisé en types variés d'*homo faber*, ouvriers, paysans, artisans, intellectuels, commerçants, capitalistes, chaque individu ayant de fort bonnes raisons alimentaires de défendre les intérêts alimentaires de la classe à laquelle le déterminisme social et génétique l'a obligé à appartenir. Le « mode » n'est pas encore représenté par l'*homo sapiens*. Nous avons vu quelles étaient les raisons optimistes qui nous poussent à croire que cette époque approche. Mais aujourd'hui le « mode » est un type d'homme qui a faim et dont la culture relativiste n'est pas très différente de celle de l'homme préhistorique.

Ce qu'on peut reprocher aux partis politiques quels qu'ils soient, c'est, semble-t-il, de se comporter comme si leurs prétendues idéologies ne s'adressaient qu'à des chiens de Pavlov sécrétant leur suc gastrique au son d'une cloche. Cette cloche est aujourd'hui remplacée par des mots qui déclenchent l'activité des structures paléocéphaliques et gouvernent les jugements de valeur. Même les idéologies, souvent les mieux intentionnées, les plus orientées vers le progrès et l'évolution des sociétés humaines, soulèvent les masses au nom d'une lutte de classes qui doivent en principe disparaître et que l'on voit renaître au galop d'ailleurs, lorsque ici et là, on les a prétendument supprimées. Ce qui montre bien que l'homme n'est pas encore mûr pour une telle société qui, nous avons déjà eu l'occasion de le dire, n'est pensable que pour des *homo sapiens*. Il faut, ou beaucoup d'inconscience, ou un mépris vraiment total de l'homme aux chefs des partis actuels pour énoncer les fadaises, les mots creux, les contradictions dont leurs discours sont pleins. Et l'on ne peut que ressentir un immense et tendre intérêt pour cette foule immense des hommes qui, malgré l'Histoire, conserve la même fraîcheur candide, la même foi dans son évolution, son bonheur, le même désir de l'âge d'or, dont elle n'est peut-être pas si éloignée d'ailleurs, et qui continue à écouter ces palabres. De temps à autre, quelques hommes géniaux font un bond superbe de la pensée, entraînant derrière eux quelques disciples éblouis. Et puis, la mutation se change en réflexes conditionnés, l'éclair de conscience se mue en dogmes rigides et le respect même du génie, génie d'un temps, d'une époque, devient une raison de ne plus penser, puisqu'il fut pensé antérieurement une fois pour toutes à notre place. Une nouvelle religion naît dont on peut même se demander s'il persiste certains grands initiés, même en nombre restreint, ou s'il ne se perpétue que des prêtres récitant, dans une langue qu'ils ne comprennent plus, les mêmes litanies enseignées par le Créateur.

Mais enfin, l'homme est-il donc si bête, surtout sans ce qu'il est convenu d'appeler la culture, l'homme jeune surtout, non glacé dans sa sémantique, est-il donc si bête pour se cacher obstinément l'essentiel, pour se perdre indéfiniment dans des jugements de valeur ? Est-il donc nécessaire, pour le faire agir, de faire appel exclusivement chez lui à l'envie, à la haine et à l'amour, dans ce qu'ils ont de moins humain, de moins conscient, de plus digestif, de plus verbeux ? Devrons-nous nous contenter d'assister sans bouger à sa lente et douloureuse évolution vers la conscience, à laquelle il parviendra quand même par « feed-back » innombrables, engainé dans son déterminisme ? Il semble bien en effet que la bêtise soit très largement partagée à travers toutes les classes sociales de façon assez homogène et l'éducation telle qu'elle est comprise, l'instruction surtout, n'y portent aucun remède. De la bêtise paternaliste, isolationniste, nationaliste, anarchique, douloureuse ou simplement révoltée, je parle sans jugement de valeur, sans mépris, comme d'un fait social nous assimilant à la bête, à la bête évoluée et qui parle, et d'autant plus bête qu'elle parle et croit à la réalité des mots. Il n'est pas pensable que des hommes sensés se présentent aux suffrages de leurs compatriotes en leur présentant un programme, quand encore ils en ont un, un programme de pièces détachées allant des H.L.M. à la retraite des vieux et des anciens combattants, en passant par les autoroutes, l'enseignement et la santé, et en saupoudrant le tout de progrès social, de liberté individuelle et de la promotion des travailleurs. C'est d'ailleurs le programme de tous les partis, de la droite à la gauche, les seules différences tenant à certains mots clefs tels que « pouvoir personnel », « domination des monopoles » ou « régimes totalitaires » et « indépendance nationale ». Est-il vraiment vrai que des adultes ayant passé leur certificat d'études et capables de résoudre les classiques problèmes des trains et des robinets qui demandent déjà, notons-le, un puissant pouvoir d'abstraction, soient incapables de comprendre que leur pays fait partie d'un continent, lui-même inclus dans le monde ? Que ce pays ne peut avoir une économie, c'est-à-dire une politique complètement isolée du continent et du reste du monde ? Que ce pays possède à l'heure H des structures socio-économiques qui ne sont peut-être pas parfaitement adaptées au contexte évolutif international ? Qu'il faut donc choisir de les transformer non pour les adapter au contexte actuel qui aura disparu quand le changement sera réalisé, mais au contexte futur qui sera ce que nous l'aurons fait par nos décisions présentes ? Un adulte est-il incapable de comprendre, quelques paraboles à l'appui, que le maintien d'une situation exige une dépense d'énergie considérable contre la tendance à la désorganisation et l'usure, qui serait beaucoup mieux utilisée à réaliser une évolution non seulement de cette situation, mais de toutes celles qui l'environnent et que tout individu est regardé par ce problème ? Est-il incapable de comprendre que l'être pensant qu'il représente est un élément de l'ensemble des hommes, et qu'il n'est pas en réalité de problème individuel qui n'exige une réponse universelle ? Qu'il n'est pas raisonnable de vouloir aller aujourd'hui, immédiatement dans la lune. mais que par contre il est utile d'agir et de faire en sorte de pouvoir y aller demain avec tout le monde, parce que en définitive le but de l'humanité est d'aller dans la lune, dans celle des poètes évidemment.

Est-il si difficile de faire comprendre à un adulte capable d'appliquer la règle des participes, que tout se tient dans le monde, comme dans un organisme, par niveau d'organisation, de complexité progressivement croissante, du couple à l'humanité tout entière et que tout se tient aussi dans le temps ? Que ses problèmes familiaux, communaux, professionnels, de classe sociale, nationaux, ses problèmes de bien-être, d'éducation, de travail, ne peuvent être envisagés isolément mais bien dans un ensemble planétaire ? Qu'il ne peut être pour ou contre la guerre au Viêt-nam simplement avec sa tripe, ce qui serait déjà bien, mais surtout pas parce qu'il est de droite ou de gauche, ou que les Vietnamiens, ce qui est vrai d'ailleurs, doivent avoir le droit de disposer d'eux-mêmes, même si ce principe est incrit dans la charte des Nations unies ? Je ne puis croire qu'au lieu d'apprendre une éducation civique comme un catéchisme, avec autant d'ennui, on ne puisse ouvrir l'esprit des enfants aux grands problèmes du monde moderne, sans parti pris ni jugement de valeur, en leur disant pourquoi ils participent à l'avenir d'une humanité en évolution, même s'ils doivent encore parfois faire un choix temporaire au degré d'organisation des sous-ensembles que sont les nations, les patries ? Du moins feront-ils alors ce choix avec pour objectif final que « tous les gars du monde veuillent se donner la main » alors que ce vers isolé, galvaudé, n'est guère plus qu'un rêve creux, auquel on croit un peu comme au père Noël.

Est-il si difficile en résumé, d'apprendre aux hommes les structures dont ils font partie et leur hiérarchisation ? Ce serait bien là une véritable révolution culturelle (terme à la mode) qui préparerait la venue de cette humanité sans classes, que nous promet l'évolution technique, l'automation. Et ce serait aussi préparer les cerveaux libérés par l'inaction de la main, à une fonction plus noble que l'exploration du P.M.U. ou l'emploi, aux weekends, du moteur à explosion pour s'égayer dans ce qui reste de fonction chlorophyllienne à l'entour des agglomérations urbaines.

*

Il est probable qu'en écrivant ces pages je n'ai souvent fait que répéter ce que d'autres ont déjà entrevu ou même écrit. On ne peut avoir tout lu. Et puis ne serait-ce pas la preuve que ces idées possèdent quelque validité, si des hommes, d'origine, d'éducation, de civilisation peut-être différentes ont pu aboutir à la même opinion en s'ignorant et en partant de prémisses différentes ? Je ne puis apprécier seul l'originalité de cette synthèse. Peu importe d'ailleurs. Le fait que je puisse croire certains de ses éléments originaux, porte à penser que sa diffusion du moins est encore imparfaite, si je me trompe.

On pourra aussi la qualifier d'utopique. Mais l'utopie présente est souvent la réalité de demain. Je n'éprouve aucune attirance pour le musée Grévin. L'Histoire ne se reproduit jamais. Elle n'est là que pour nous donner le sens de l'évolution et nous permettre de prévoir en quoi l'avenir sera différent du passé. Pour s'adapter au présent il faut d'abord prévoir l'avenir et si certains trouvent que nous sommes mal adaptés au nôtre, c'est peut-être parce que nous n'avons pas su, dans le passé, prévoir notre aujourd'hui. Si nous corrigeons avec le présent pour référence, nous risquons fort d'être toujours en retard d'un train. Ce n'est pas moi qui déplore l'automation, le machinisme, qui m'inquiète de l'occupation des loisirs. Ceux qui craignent ou se contentent même de dénoncer, doivent aussi essayer de comprendre et ne peuvent le faire en dehors du plan de l'évolution. J'ai fourni une hypothèse. Elle débouche pour moi sur un protocole expérimental, une méthodologie de l'action. Elle éclaire peut-être un certain nombre de phénomènes obscurs auxquels nous participons. Il ne suffit pas de lever les bras au ciel en regrettant les jours passés. La vie nous attend et l'avenir sera maintenant ce que nous voudrons bien qu'il soit.

Il y a quelques mois, dînant chez des amis, je fis la connaissance d'un polytechnicien sur lequel reposent de lourdes responsabilités sociales et économiques. La conversation fut vite animée et je ne tardai pas à deviner une certaine agressivité dans le comportement de mon interlocuteur. Puis brusquement il se détendit, un sourire illumina son visage et il me dit : « J'ai compris, vous êtes un empirio-criticiste. » A partir de ce moment, m'ayant classé avec un mot, il n'adressa pratiquement plus la parole à cet objet que j'étais devenu pour lui.

Impression Brodard et Taupin
à La Flèche (Sarthe),
le 28 décembre 1998.
Dépôt légal : décembre 1998.
1er dépôt légal dans la collection : novembre 1987.
Numéro d'imprimeur : 1849V.
ISBN 2-07-032434-6 / Imprimé en France.

89842